# BA ZI

# Los cuatro pilares del destino

# BA ZI

# Los cuatro pilares del destino

## Mejore su entorno, salud y buena fortuna con la milenaria astrología china.

Rodolfo Silva Ramos

Grupo Editorial Tomo, S.A. de C.V.
Nicolás San Juan 1043
03100 México, D.F.

1a. edición, marzo 2006.


Nicolás San Juan 1043, Col. Del Valle
03100 México, D.F.
Tels. 5575-6615, 5575-8701 y 5575-0186
Fax. 5575-6695
http://www.grupotomo.com.mx
ISBN: 970-775-178-9
Miembro de la Cámara Nacional
de la Industria Editorial No 2961

Diseño de portada: Emigdio Guevara
Ilustraciones: Emigdio Guevara
Diseño tipográfico: Servicios Editoriales Aguirre, S.C.
Supervisor de producción: Leonardo Figueroa



Impreso en México - *Printed in Mexico*

# Contenido

# Introducción

Retornar a la raíz, es reposo,
se le llama volver al propio Destino.
Volver al propio destino es hallar la Ley Eterna.
Y no conocer la Ley Eterna
es llamar a la desgracia.

***Lao-Tse***

En el Antiguo Oriente la preparación de un *Siang Shen Feng Shui* (Maestro del Feng Shui) se iniciaba con el estudio y el conocimiento del arte de la ciencia de arriba: la astrología china. La astrología era empleada para lograr descifrar con mucha precisión los designios que el cielo le deparaba al ser humano. Una vez identificado el destino del hombre, el geomante elaboraba la lectura del arte de la ciencia de abajo, o sea de la tierra, empleando el arte tradicional del Feng Shui, identificando con toda claridad los elementos, las orientaciones y las disposiciones que debían acompañar a la persona, con la finalidad de mejorar su entorno, potenciar su salud y atraerle la buena fortuna.

De acuerdo a Confucio, ese extraordinario filósofo y pensador chino cuyo mensaje lamentablemente es poco conocido en Occidente, se nos enseña que el camino de la vida del ser humano es influido por la suerte del cielo, la suerte de la tierra y la suerte del hombre.

1. La suerte del cielo no es otra cosa más que el factor TIEMPO. Es la función de suerte de un hombre en lo que se refiere al tiempo del momento de su nacimiento como condición inicial.
2. La suerte de la tierra es ni más ni menos que el espacio, o lugar de nacimiento del ser humano y el lugar donde él vive.
3. La suerte del hombre es el elemento de acción, es lo que el ser humano hace. Si él hace las cosas correctas, en el tiempo correcto y el lugar correcto, entonces será afortunado. Si no es así, encontrará penalidad e infortunio.

La astrología china se enfoca a investigar la suerte del cielo, descifrando los ciclos de tiempo, su dinámica y su interacción. Por su parte, la astrología occidental estudia los astros o planetas y su efecto en la vida del ser humano.

La astrología china Ba Zi, es una astrología sin planetas o astros, porque está enfocada a determinar los tipos de Qi. Es el estudio del cielo, referido al tiempo, señalado con los Troncos Celestes; y es el estudio de la tierra con referencia al espacio señalado por las Ramas Terrestres, y su influencia ejercida sobre el destino del ser humano, así se completa la Trinidad Cósmica: cielo, tierra y ser humano.

## Los cuatro Pilares

Cada vez más los padres prestan mayor atención al momento en que su hijo nace. La hora de nacimiento es el momento de la primera respiración, la primera vez que el Qi (el aire) entra en los pulmones e insufla el ritmo de la vida que nos acompañará durante todo el ciclo vital. Este ciclo de tiempo es un factor muy importante que determinará gran parte del destino del ser humano. El año, el mes y el día de nacimiento son los otros pilares. Todos ellos son ciclos de tiempo que marcan nuestro destino. El destino así puede llegar a ser interpretado, es verdadero y es conocible. Saber el destino podrá servir para evitar los caminos equivocados en la vida personal. Todos hemos nacido en un cierto tiempo, y el conjunto de energías de aquel tiempo, identificado en la astrología china como troncos celestes y ramas terrestres, tendrá un profundo impacto en nuestro destino.

## El destino

Hay que tener vida para tener un destino. El destino es cumplir con la orden del cielo. En China es común darle un nombre al niño en correspondencia a los significados que concurren en el tiempo de su nacimiento, con la esperanza de los padres de lo que será el destino del niño. Se llegan a dar algunos nombres para neutralizar algún problema visto en su carta astrológica, buscando influir en el destino. De la misma forma los adultos llegan a tomar un nuevo nombre en una experiencia crucial de su vida.

El destino es fijado en el momento del nacimiento y es imposible o muy difícil de modificar, porque se trata del periodo de tiempo con el que iniciamos nuestro ciclo de vida. Es como un auto que nosotros conducimos, no es la ruta o el camino por el que transitamos. Si deseamos mantener el coche en buen estado, aprovechar los beneficios y ventajas del servicio que nos brinda ese transporte, y que nos lleve a buen destino, entonces tenemos que conocer las características que tiene nuestro automóvil. Una carta natal de astrología china de una persona, sería semejante al instructivo o manual de uso y mantenimiento de un auto nuevo que contiene las especificaciones y las instrucciones de operación del mismo. Se trata de un manual exclusivo para ese modelo de auto. Dependiendo del modelo, usted podrá ser acompañado de otras personas, si es ese su gusto, pero si el auto es sólo para dos personas, no podrá llevar más que una compañía, porque el espacio no lo permite. O sea, existen cosas que usted puede elegir, pero tiene sus restricciones. Podrá colocarle unas llantas diferentes a su auto, esas llantas pueden ser de diferente precio, algunas baratas, otras más caras, eso usted podrá seleccionarlo, pero no puede elegir cualquier tipo de llantas, sólo las que específicamente son compatibles con el modelo del auto, porque tiene sus límites. Por ejemplo, no puede usar llantas de un tractor si se trata de un auto sedán. Tampoco puede usar para su motor gas butano como combustible, si es que el auto tiene un motor adaptado sólo para gasolina.

Esto es el destino. El nacimiento se asemeja a recibir un auto nuevo. El manual de operaciones es la carta de nacimiento. Usted tiene opciones en su vida, pero hay límites. Algunas opciones cuestan demasiado, si no está dispuesto a trabajar duro para alcanzarlas las opciones seguirán ahí, por si usted se motiva para conseguirlas. Conocer la carta astrológica de los cuatro pilares es conocer el manual de uso y mantenimiento. Podemos saber de antemano que el auto no superará los 160 Km por hora, por lo tanto podemos evitar colocarlo en carreras de fórmula 1. Conocer nuestro destino y las fuerzas que lo dominan hará que saquemos mejor partido de él y evitemos las trampas en la medida de lo posible.

## La suerte

La suerte es el complemento del destino, pero es tan variable como el clima en sus diferentes épocas. Si usted llega a conocer su suerte puede entonces basar en ella sus acciones con la confianza de que logrará sus propósitos o metas.

Para el pensamiento chino la suerte es cíclica y además es fiable. Su movimiento no es arbitrario, es un fenómeno sujeto a las leyes que gobiernan el tiempo y el espacio, por lo tanto puede ser conocible. Si podemos llegar a conocer nuestra suerte entonces podemos usarla para nuestro beneficio. Cuando es buena suerte, podemos salir, tomar riesgos y aprovechar las ocasiones. Cuando es época de mala suerte será mejor quedarse en casa para disminuir los problemas.

La suerte, regresando a nuestra analogía del automóvil, es el camino sobre el cual conducimos nuestro coche. Un mapa de carreteras (a manera de una carta de nacimiento) nos auxilia ubicándonos en nuestro destino. Nosotros podemos decidir adónde queremos ir, siempre dentro de ciertos límites y escoger el mejor camino para llegar a él.

Usted podrá circular por diferentes rutas o caminos, a veces autopistas, otras veces por brechas o senderos, dependiendo de su mapa y del tiempo, pero sólo por un tipo de vía puede ir cada vez. Los caminos pueden llegar a ser modificados a través del tiempo, pero el automóvil en que nos transportamos siempre será el mismo. De igual manera la suerte es limitada por el destino aunque varía con el tiempo. Las opciones para seleccionar las vías pueden ser hechas, pero nuestra limitación es que nos conduzcan rumbo al lugar que deseamos ir.

El saber nuestro destino es el manual de uso y mantenimiento de un auto. El saber nuestra suerte es el mapa de carreteras y la información de las condiciones meteorológicas para el viaje. El Feng Shui dará el mejor mantenimiento al coche para optimizar su funcionamiento. Una conducción cortés nos traerá un buen karma y la buena voluntad de otros. La educación y el esfuerzo nos permitirán conducir con seguridad, sin tener accidentes o estropear el automóvil.

Si todos estos factores los cumplimos a satisfacción, entonces podremos llegar lejos. Pero si no tenemos el manual de operación (el destino) y el mapa de carreteras (la suerte) podemos perdernos, extraviarnos o quedar varados en el camino y no llegar a donde deseamos ir.

## BA ZI y ZI PING

Existen dos métodos de astrología china que emplean los cuatro pilares del destino: el Ba Zi y el Zi Ping. La primera, el Ba Zi, fue inventada por Li Xu Zhong en la dinastía Tang, y es el modo antiguo de leer el destino y la suerte de una persona, usando el Pilar del Año. La segunda fue nombrada Zi Ping en honor a su creador y es el Ba Zi reformado y actualizado 500 años atrás por Xu Zi Ping de la dinastía Song, usando el pilar del día para representar a la persona.

En ambos sistemas, los periodos de tiempo están relacionados con los Troncos Celestes y las Ramas Terrestres, que combinados forman un ciclo de 60 años. Tienen similitudes, pero también diferencias.

Empleando la astrología china de los cuatro Pilares del Destino, encontramos:

1. *El Da Yun*, la suerte grande, el periodo de diez años de tiempo.
2. *El Xiao Yun*, la suerte pequeña, el periodo de ciclo anual.

Grande y pequeño se remite a la cantidad de tiempo, no al volumen de la suerte. La suerte se refiere a la característica del tiempo. Y no implica buena o mala suerte, que varía con el ciclo.

Entonces, estos periodos de tiempo *yun* transportan, mueven o giran la energía del tiempo. La interacción del ser humano con esta energía define la fortuna o la suerte durante aquel periodo de tiempo. Si conocemos lo que somos, podemos usarlo en nuestro beneficio.

En este libro, presentaremos los pasos necesarios que podemos seguir con el fin de identificar nuestra suerte y destino, aplicando el método antiguo del Ba Zi de Li Xu Zhong. Se divide en dos partes: en la primera parte mostraremos paso a paso cómo realizar las operaciones manuales para calcular los cuatro pilares del destino; y en la segunda parte nos enfocaremos a la interpretación empleando la teoría de la Esencia del Binomio. Este tipo de interpretación nos permite interpretar un horóscopo chino aun sin conocer la hora exacta del nacimiento de una persona.

Nuestro propósito al dar a conocer este sistema antiguo de astrología china es que nuestros queridos lectores, empleando la astrología china Ba Zi, puedan apoyarse para alcanzar la meta de construir un mundo mejor, más equilibrado y más armónico.

# PARTE I

## Conceptos básicos, cálculo de los cuatro pilares del destino

# Capítulo 1
# Los principios

## 1.1 El Yin y el Yang

Se llama Tai Ji al símbolo popular del diagrama con el yin y el yang. El Tai Ji se genera del estado de vacío o Wu Ji. Yin y yang están en equilibrio dinámico perpetuo.

En Occidente se tiene tendencia a creer que el yin y el yang dividen el mundo, que lo organizan en dos partes simétricas pero opuestas. Es una visión falsa.

La representación tradicional del yin y del yang, una parte oscura y la otra parte clara, muestra bien una complejidad mayor de la realidad: un punto blanco se encuentra en la parte oscura, y un punto negro se encuentra en la parte blanca. Por otro lado, la separación entre las dos partes es sinusoidal, de forma que es imposible trazar un diámetro que divida el círculo en dos partes iguales, una blanca y otra negra. Cada una de las dos partes tendrá siempre los dos colores, el negro y el blanco, el yin y el yang.

Esto no impide que ambos símbolos cubran nociones diferentes pero *complementarias*. No se encuentra nunca el uno sin el otro, y manifestar oposición entre, por ejemplo, femenino y masculino, para un sabio chino es algo irracional. Todo ser posee las dos partes en él.

A pesar de que la cultura occidental establece con frecuencia un orden de valores entre los diferentes elementos colocados aquí bajo los símbolos yin y yang, sería un grave error interpretarlos de esa manera en el marco de la sabiduría china. No es mejor o peor ser yin o yang.

En la astrología Ba Zi los datos yin yang ubicados en los Cuatro Pilares del Destino nos dan una idea sobre el carácter: activo / pasivo. Lo ideal sería un equilibrio entre los dos. Cuanto más yang exista, más activo será el sujeto. Cuanto más yin tenga, más pasivo será.

Para evitar largas digresiones filosóficas y espirituales, vamos a dar en una imagen gráfica algunas atribuciones diferentes del yin y del yang.

*El Cielo y la Tierra no surgen del Cielo y de la Tierra sino del Yin y del Yang. El Yin y el Yang no surgen del Yin y del Yang sino del Movimiento y la Quietud. El Movimiento y la Quietud no surgen del Movimiento y la Quietud sino del Tai Ji. Esto es porque el Tai Ji es la maravilla natural.*

## 1.2 Las cinco fases

En la metafísica china, la base de la dinámica del Universo son las Cinco Fases o Agentes. Estos son: la Madera, el Fuego, la Tierra, el Metal y el Agua.

Esta teoría no se limita únicamente a las Cinco Fases; también las estaciones, los planetas, los colores, los órganos humanos, etcétera, se dividen en cinco. Lo que se está representando entonces es la visión quinaria del cielo, de la tierra y del ser humano: la trinidad cósmica.

Las Cinco Fases se suceden de distintas formas. En primer lugar, existe el orden de nutrición: De la Madera se nutre el Fuego; del Fuego se nutre la Tierra; de la Tierra se nutre el Metal; del Metal se nutre el Agua; del Agua se nutre la Madera y el ciclo recomienza de nuevo, se trata del ciclo nutritivo. Se le llama también la secuencia del círculo, o la relación madre-hija, pues un elemento nutre al siguiente.

Además, los elementos pueden influenciarse entre ellos por orden de dominancia: la Tierra es dominada por la Madera; la Madera es dominada por el Metal; el Metal es dominado por el Fuego; el Fuego es dominado por el Agua y el Agua es dominada por la Tierra. A este ciclo se le conoce también como la secuencia de la estrella, el orden destructivo o de dominio.

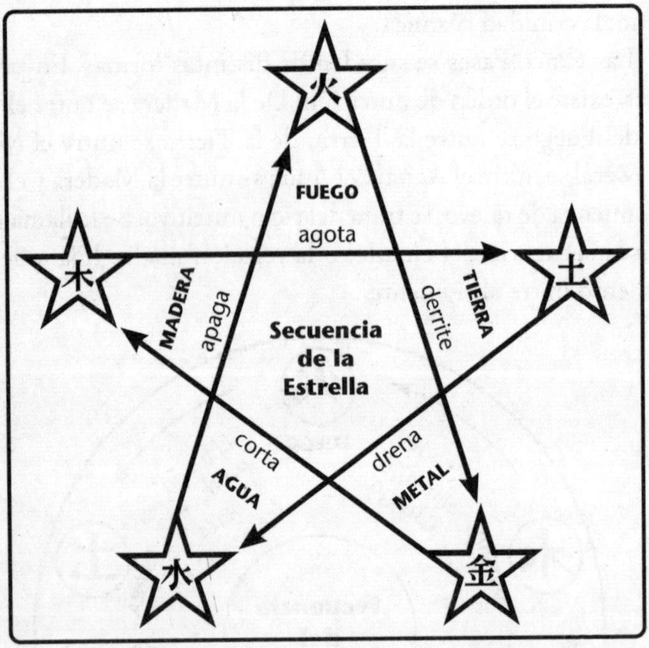


Cuando la Madera domina a la Tierra, ésta es "salvada" por el Metal que atenúa la destrucción conquistando la Madera. La Tierra está salvaguardada por el Fuego, puesto que la produce, y como la Madera produce el Fuego, éste actúa aquí como una barrera protectora.

Del mismo modo, cuando la Tierra conquista el Agua, la Madera es la que atenúa la Tierra, puesto que la ha conquistado ella misma; el Metal es el que actúa como barrera por ser el que produce el Agua y la Tierra es quien produce al Metal.

Cuando el Agua conquista al Fuego, la Tierra lo protege conquistando el Agua; la Madera interrumpe la operación.

Cuando el Fuego conquista el Metal, el Agua atenúa el Fuego; la Tierra es la barrera entre los dos.

Y por último, cuando el Metal conquista la Madera, no hay que olvidar que el Fuego conquista el Metal y que el Agua es la que atenúa el efecto.

## 1.3 ¿Qué es la astrología BA ZI?

*BA ZI* 八字 es una palabra china que literalmente significa: Ocho Caracteres. Los cuatro Pilares del Destino o los Ocho Signos del Destino, son dos expresiones sinónimas y se emplean indistintamente. Un pilar consiste en dos caracteres chinos, colocados uno arriba de otro. Al caracter superior se le conoce como Tronco Celeste y al inferior como la Rama Terrestre. Estos ocho caracteres chinos dan lugar a los cuatro pilares.

Muchas personas conocen cuál es su signo animal del zodiaco chino, de acuerdo al año de su nacimiento. Por ejemplo, si usted nació en 1965, tal vez conozca que su signo animal del zodiaco chino es Serpiente. Eso quiere decir que usted nació en el Año Serpiente. Algunos conocen más que otros y dirán que el año 1965 es un año Serpiente de Madera, y esto es lo que se llama un "pilar". "La Serpiente" representa la Rama Terrestre, mientras que "la Madera" representa el Tronco Celeste, y juntos forman el Pilar del año para 1965.

Durante las tres grandes ocasiones importantes de la vida, en el Oriente se estudian cuidadosamente los ocho signos de cada destino: El nacimiento, el casamiento y el entierro. En el nacimiento porque es importante discernir si la llegada al mundo de un nuevo ser será venturosa para su familia. En el casamiento, porque la unión de dos destinos debe rodearse de las más grandes precauciones. Se hace una comparación minuciosa de los ocho signos de cada uno de los futuros cónyuges, para asegurarse que se hace un buen casamiento. Es común que en el noviazgo la futura pareja intercambie los ocho signos escritos en una tarjeta roja. La muerte –en el pensamiento oriental– no es el final de los lazos familiares, es importantísimo que en este último viaje se establezcan condiciones favorables tanto para el desaparecido como para su familia, confrontando los ocho signos del difunto con los signos del día y de la hora del funeral, y con la elección del sitio y la orientación de la tumba.

El Ba Zi, u ocho caracteres, se han usado en China durante cientos de años en todo acontecimiento o situación preocupante. Cuando el presagio resulta desfavorable se piensa que siempre existe un medio de paliar el destino. En las uniones, como en los negocios, se debe buscar un buen socio para que sea acertado. Si un joven muestra interés en una muchacha determinada, él debería presentarse según la costumbre china, en la casa de la muchacha llevando regalos de todas clases para la familia y le presentaría al padre de la joven su Ba Zi o sus ocho caracteres escritos en una tarjeta roja, esto simboliza sus intenciones y le provee al padre de la muchacha la oportunidad de evaluar si ese hombre es conveniente para casar a su hija.

**El Ba Zi - Ocho Caracteres**

| 辛 | 乙 | 乙 | 戊 |
|---|---|---|---|
| 巳 | 巳 | 卯 | 子 |

El Ba Zi representa el ciclo de tiempo de nacimiento del joven, la hora, el día, el mes y el año, que le permiten al padre hacer una evaluación de la conveniencia de la unión. Generalmente el padre llevará el Ba Zi a un astrólogo para comparar los ocho caracteres con los de su hija, y con el consejo tomará una decisión.

Aunque a la mirada occidental los ocho caracteres ilustrados en la página anterior están "en chino", y parecen incomprensibles y difíciles de entender, vamos a explicarlos con claridad para no confundir a la hora de aplicarlos. Solamente hay 22 caracteres, ellos se utilizan combinados para representar el calendario chino, y están compuestos por los Troncos Celestes y las Ramas Terrestres.

## 1.4 Los diez troncos celestes

Los diez Troncos Celestes (Tian Gan), es algo de lo más antiguo en el lenguaje chino; representan cómo las cinco fases se suceden a lo largo del año y cómo los tipos de qi yin y qi yang se alternan.

申 *Jia* representa un capullo cerrado, el yang moviéndose en un germinar oriental. La imagen de los que se abren paso como lo hace un brote por la tierra. Madera yang.

乙 *Yi* un capullo abierto, símbolo de la primavera, una planta creciendo de una manera quebrada, una ramita. La imagen del inicio del crecimiento con troncos y ramas jóvenes y tiernas. Madera yin.

丙 *Bing* es el fuego de la casa, el crecimiento al calor del sur, la floración. La imagen de la fuerza de la luz que se expande como un bello fuego. Fuego yang.

丁 ***Ding*** el aguijón de una abeja; estamos en plena madurez estival, la vegetación en temporada cálida. La imagen de una nueva vida que se desarrolla plenamente. Fuego yin.

戊 ***Wu*** representa una mano con un instrumento tajante en acción de cortar algo. Nos encontramos aquí con la idea de la cosecha, la exuberancia, suspensión de la vida. La imagen del crecimiento frondoso y el próspero desarrollo. Tierra yang.

己 ***Ji*** representaría el hilo de la trama y el hilo de la cadena, el sueño de invierno, la hibernación. Es la época de la canícula total. La imagen de las características y atributos distinguibles. Tierra yin.

庚 ***Geng*** es la imagen de dos manos recibiendo algo o moliendo el arroz. Es el momento de la cosecha y del almacenamiento, la plenitud de siega, el fruto otoñal. La imagen del principio del cambio, la energía que vuelve hasta la siguiente primavera. Metal yang.

辛 ***Xin*** significa "ofender a un superior" y evoca un castigo. El otoño era la estación de las ejecuciones capitales. Es la fruta madura y su aroma se supone metálico. La imagen de la retirada. Metal yin.

壬 ***Ren*** es la imagen de un hombre llevando una carga en la espalda, de donde se desprende la idea de la fatiga humana. Yin y el peso de su función, preñez. La imagen de la energía de la vida, criada en el interior del mismo modo en que una madre embarazada cría al feto. Agua yang.

癸 ***Gui*** podría designar la hierba dispuesta agradablemente sobre la que los antiguos depositaban las libaciones ofrecidas a las almas de los antepasados. También podría ser el agua manando sobre el suelo en todas las direcciones. Esta agua, símbolo de lo femenino, es también un símbolo del matrimonio y de la concepción. El agua absorbida por la tierra. La imagen de la reagrupación de una nueva fuerza vital, cultivada bajo tierra y de manera invisible espera un nuevo progreso. Agua yin.

## Los Diez Troncos Celestes

| Carácter | Nombre | Número | Elemento | Polaridad |
|---|---|---|---|---|
| 申 | JIA | 1 | **MADERA** | **YANG** |
| 乙 | YI | 2 | MADERA | YIN |
| 丙 | BING | 3 | **FUEGO** | **YANG** |
| 丁 | DING | 4 | FUEGO | YIN |
| 戊 | WU | 5 | **TIERRA** | **YANG** |
| 己 | JI | 6 | TIERRA | YIN |
| 庚 | GENG | 7 | **METAL** | **YANG** |
| 辛 | XIN | 8 | METAL | YIN |
| 壬 | REN | 9 | **AGUA** | **YANG** |
| 癸 | GUI | 10 | AGUA | YIN |

### Los Diez Troncos Celestes

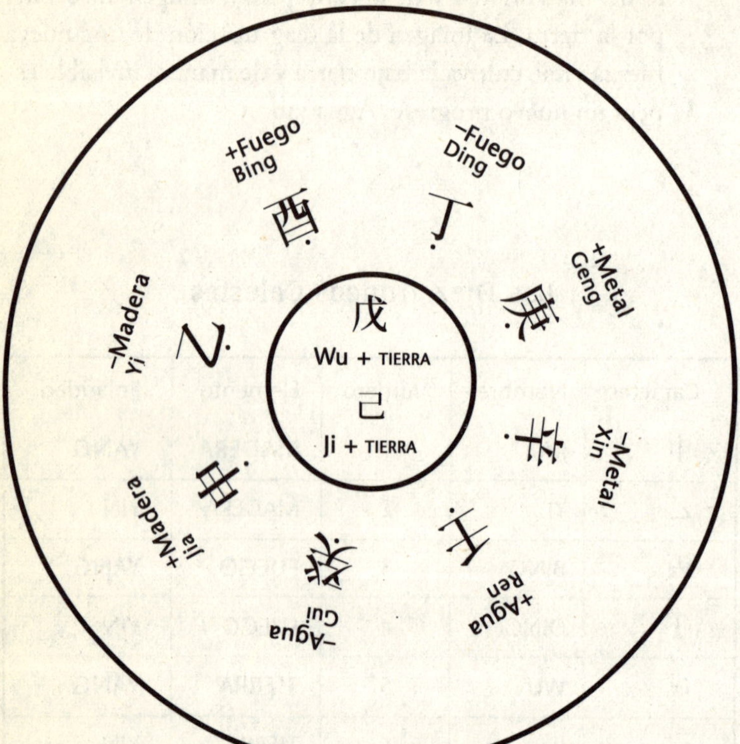


## 1.5 Las doce ramas terrestres

1. 子 *Zi* significa "el niño"; en esta época del solsticio de invierno, este caracter simboliza la simiente, el germen, el principio y el nacimiento. La imagen de la reproducción de la vida como una semilla bajo tierra, absorbiendo humedad y alimentos para desarrollarse.

2. 丑 *Chou* representa a una mano liando algo, por ejemplo, plantas. Un cordel. La imagen del brote antes de que alcance la superficie. En otras palabras, el crecimiento subterráneo.

3. 寅 *Yin* son dos manos unidas para un saludo de cortesía. Este ritual tenía lugar en el momento del año nuevo. Podrían ser dos canastas de hierba una encima de la otra y significaría las labores de la primavera. Reverenciar. La imagen de un brote que avanza lentamente cuando se encuentra con el calor del aire, dando su último impulso para salir de la tierra.

4. 卯 *Mao* representa los dos tablones de una puerta abierta, imagen de la acogida de la primavera. Un periodo de tiempo. La imagen de la vegetación frondosa que baila al alba.

5. 辰 *Chen* es la imagen de dos hombres sentados en el suelo bajo un refugio, recordando así las tormentas de abril. Vibración. La imagen del pleno despertar al futuro crecimiento.

6. 巳 *Si* representa el embrión que se desarrolla (acercándose al primer caracter). Fin. La imagen de la preparación para la maduración.

7. 午 *Wu* representa un pilón. Aquí tenemos la idea de pegar. Es el momento de la lucha del yang culminante con el naciente yin (equinoccio del 21 de junio). Oponerse. La imagen del crecimiento que llega a su punto máximo.

8. 未 *Wei* es la imagen de un gran árbol: plenitud del crecimiento. Todavía no. La imagen del sabor dulce que expresa madurez y ternura.

9. 申 ***Shen,*** el antiguo grafismo representa dos manos extendiendo una cuerda; encontramos nuevamente la idea de expansión. Expedir. La plena imagen de la madurez y el tiempo de cosecha.

10. 酉 ***You*** es el dibujo de un jarrón o de una ánfora; en el equinoccio de otoño se hacía fermentar el grano cosechado para fabricar bebidas alcohólicas. Maduro. La imagen de la recolección tras una rica producción.

11. 戌 ***Xu*** expresa la idea de un arma tajante, de ahí proviene la idea de destrucción, de la siega antes de la siembra. Guardia. La imagen de la retirada de una excitación visible de la vida.

12. 亥 ***Hai,*** muestra a un hombre y a una mujer bajo el cielo (bajo un techo) engendrando a un niño, lo que nos conduce de nuevo al primer carácter. Semilla. La imagen de la semilla o núcleo que espera su nuevo nacimiento.

Los significados son demasiado sintéticos, pero lo que cuenta no son los signos considerados de manera aislada, sino sus relaciones con los demás y con los cinco elementos. La serie duodenaria se asocia al ciclo de los doce animales.

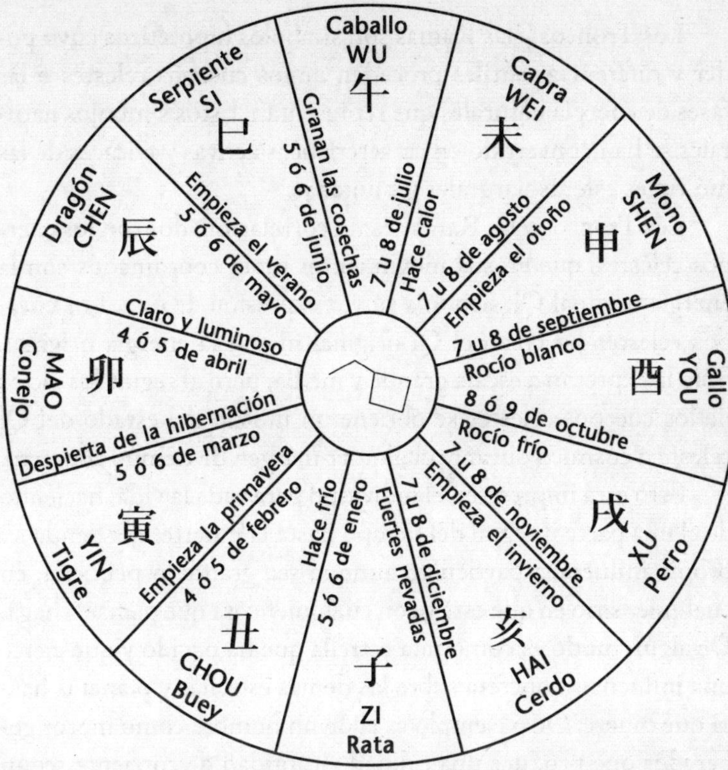


Los chinos observaban el cielo a partir de la Estrella Polar, a la que llamaban "*Ti*", el centro divino o el divino. También se llamaba así al emperador; los nombres de los ministros importantes eran también los nombres de las estrellas de la Osa Mayor. La Estrella Polar es el "eje de la bóveda celeste y también de la terrestre". Las direcciones universales se toman desde la perspectiva de la Estrella Polar. El mango del Cazo gira alrededor de la Estrella Polar y señala los 360 grados del cielo. Sigue el ciclo de doce meses de la luna y vuelve a su punto de partida. Por lo tanto, el cielo se divide en doce secciones correspondientes a las doce Ramas Terrestres.

Los Troncos y las Ramas son símbolos hipotéticos cuyo poder y diferencias sutiles proceden de los cuerpos celestes o las fases de energía naturales que representan. Estos símbolos naturales se han convertido en características activas y eficaces de las múltiples esferas naturales y humanas.

Los Troncos y las Ramas están correlacionados con los cuerpos celestes, que en sus movimientos están coordinados con la energía original Qi, siendo a su vez expresión de ésta. Los cuerpos celestes no crean el Qi original ni son la energía original. Sólo la expresan a escala grande y media; pero al seguir los ciclos de los cuerpos celestes se obtiene un indicio del estado del Qi celeste o cósmico durante cualquier margen de tiempo concreto.

Esto está impreso en el individuo para toda la vida, haciendo de él una parte integral del tiempo hasta la muerte, ejerciendo su propia influencia particular, aunque sea grande o pequeña, en cualquier sitio en que esté y con cualquier cosa que piense o haga. De algún modo es como una estrella que ha nacido y que ejerce una influencia concreta sobre las demás estrellas y planetas hasta que muere. Otro ejemplo es el de un hombre como motor generador que produce una calidad y cantidad de corriente según las fuerzas que influyen en él, en conjunción con los aspectos que integran la misma máquina. La diferencia que hay entre personas nacidas en el mismo momento se debe a las distintas cualidades mentales y físicas que traen consigo a este mundo, en las cuales ejercen su influencia las fuerzas cósmicas y terrenales. Por lo tanto, las vidas de unos son más propicias que las de otros, aunque se apliquen las mismas fuerzas básicas.

Se sabe que el carácter fundamental del individuo se fija en el momento del nacimiento. Algunos utilizan el término "modelos de energía" para describir la calidad individual del ser humano. Como los Troncos Celestes y las Ramas Terrestres son tanto positivos como negativos, un hombre sentirá atracciones o rechazos durante toda su vida, dependiendo de la combinación de las influencias que estén presentes en su naturaleza individual. Estas atracciones y rechazos podrían representarse con símbolos de tiempo. Por tanto, al ser un elemento de tiempo, el hombre es predecible.

No es necesario aprenderse el carácter chino de los Troncos Celestes y las Ramas Terrestres para realizar un Horóscopo Chino con astrología Ba Zi, porque en este libro los cálculos y los resultados de los cuatro pilares del destino, se presentarán con su traducción al español. Sin embargo, como un apoyo para aquellos amigos que desean familiarizarse con ellos, colocaremos también su correspondiente carácter chino.

Una persona entrenada en el arte del Ba Zi podrá determinar el elemento personal de esa persona, sus fortalezas y sus debilidades y después determinará el modelo del cambio durante el curso de su vida. Al estudiar un posible casamiento, el análisis de los cuatro pilares proporciona una oportunidad para evaluar la compatibilidad de la pareja, basada en sus elementos individuales. En un mundo ideal, una buena asociación asegura que ambos socios tengan la posibilidad de cubrir sus necesidades.

## Las Doce Ramas Terrestres

| | | | |
|---|---|---|---|
| 子 | 1 Zi<br>Rata<br>**Agua yang** | 午 | 7 Wu<br>Caballo<br>**Fuego yang** |
| 丑 | 2 Chou<br>Buey<br>Tierra yin | 未 | 8 Wei<br>Cabra<br>Tierra yin |
| 寅 | 3 Yin<br>Tigre<br>**Madera yang** | 申 | 9 Shen<br>Mono<br>**Metal yang** |
| 卯 | 4 Mao<br>Conejo<br>Madera yin | 酉 | 10 You<br>Gallo<br>Metal yin |
| 辰 | 5 Chen<br>Dragón<br>**Tierra yang** | 戌 | 11 Xu<br>Perro<br>**Tierra yang** |
| 巳 | 6 Si<br>Serpiente<br>Fuego yin | 亥 | 12 Hai<br>Cerdo<br>Agua yin |

# Capítulo 2
# El tiempo

## 2.1 El ciclo de 60: JIA ZI

Los periodos de tiempo están relacionados con los Troncos Celestes y las Ramas Terrestres, que combinados forman un ciclo de 60 años. Combinando los Troncos yang y las Ramas yang, los Troncos yin y las Ramas yin, tendremos 60 combinaciones llamadas 60 Jia-Zi. Estos son los 60 números de Troncos y Ramas:

| | | | | | | | |
|---|---|---|---|---|---|---|---|
| 1 | 申 | 子 | Jia Zi | 16 | 己 | 卯 | Ji Mao |
| 2 | 乙 | 丑 | Yi Chou | 17 | 庚 | 辰 | Geng Chen |
| 3 | 丙 | 寅 | Bing Yin | 18 | 辛 | 巳 | Xin Si |
| 4 | 丁 | 卯 | Ding Mao | 19 | 壬 | 午 | Ren Wu |
| 5 | 戊 | 辰 | Wu Chen | 20 | 癸 | 未 | Gui Wei |
| 6 | 己 | 巳 | Ji Si | 21 | 申 | 申 | Jia Shen |
| 7 | 庚 | 午 | Geng Wu | 22 | 乙 | 酉 | Yi You |
| 8 | 辛 | 未 | Xin Wei | 23 | 丙 | 戌 | Bin Xu |
| 9 | 壬 | 申 | Ren Shen | 24 | 丁 | 亥 | Ding Hai |
| 10 | 癸 | 酉 | Gui You | 25 | 戊 | 子 | Wu Zi |
| 11 | 申 | 戌 | Jia Xu | 26 | 己 | 丑 | Ji Chou |
| 12 | 乙 | 亥 | Yi Hai | 27 | 庚 | 寅 | Geng Yin |
| 13 | 丙 | 子 | Bing Zi | 28 | 辛 | 卯 | Xin Mao |
| 14 | 丁 | 丑 | Ding Chou | 29 | 壬 | 辰 | Ren Chen |
| 15 | 戊 | 寅 | Wu Yin | 30 | 癸 | 巳 | Gui Si |

Continúa de la página anterior

| | | | | | | | |
|---|---|---|---|---|---|---|---|
| 31 | 申 | 午 | Jia Wu | 46 | 己 | 酉 | Ji You |
| 32 | 乙 | 未 | Yi Wei | 47 | 庚 | 戌 | Geng Xu |
| 33 | 丙 | 申 | Bing Shen | 48 | 辛 | 亥 | Xin Hai |
| 34 | 丁 | 酉 | Ding You | 49 | 壬 | 子 | Ren Zi |
| 35 | 戊 | 戌 | Wu Xu | 50 | 癸 | 丑 | Gui Chou |
| 36 | 己 | 亥 | Ji Hai | 51 | 申 | 寅 | Jia Yin |
| 37 | 庚 | 子 | Geng Zi | 52 | 乙 | 卯 | Yi Mao |
| 38 | 辛 | 丑 | Xin Chou | 53 | 丙 | 辰 | Bing Chen |
| 39 | 壬 | 寅 | Ren Yi | 54 | 丁 | 巳 | Ding Si |
| 40 | 癸 | 卯 | Gui Mao | 55 | 戊 | 午 | Wu Wu |
| 41 | 申 | 辰 | Jia Chen | 56 | 己 | 未 | Ji Wei |
| 42 | 乙 | 巳 | Yi Si | 57 | 庚 | 申 | Geng Shen |
| 43 | 丙 | 午 | Bing Wu | 58 | 辛 | 酉 | Xin You |
| 44 | 丁 | 未 | Ding Wei | 59 | 壬 | 戌 | Ren Xu |
| 45 | 戊 | 申 | Wu Shen | 60 | 癸 | 亥 | Gui Hai |

Todo el tiempo chino es descrito usando una combinación de Tronco y Rama. Esta sucesión de combinaciones Tronco-Rama, es conocida como el "JIA ZI", o Ciclo de 60. Para comenzar el ciclo el primer Tronco se alinea con la primera Rama (Jia zi). El segundo Tronco se alinea con la segunda Rama (Yi Chou).

Cuando llegamos donde el décimo Tronco se alinea con la décima Rama, entonces observamos que hemos terminado la lista de Troncos. Ahora la secuencia continúa con el Tronco 1 y la Rama XI, luego el Tronco 2 con la Rama XII, y así se va corriendo la secuencia de la combinación.

Se toman 60 años para completar la secuencia de los ciclos anuales de 60 (Jia Zi).

Se toma aproximadamente 5 años para completar el ciclo mensual de 60.

Toman aproximadamente 60 días para completar el ciclo diario de 60.

Toma aproximadamente 5 días para completar el ciclo horario de 60 (Una hora china son 2 horas occidentales).

## 2.2 Los 24 Términos Solares: Jie-Qi

Cada año contiene 24 puntos estacionales, doce de ellos marcan el principio de los doce meses solares. Ellos se llaman los doce Jie. Los otros doce se encuentran a mitad de cada mes, se llaman los doce Qi.

| Fecha | Jie / | Qi | Nombre | Posición solar |
|---|---|---|---|---|
| 4 Feb | Li Chun | | **Inicio de la primavera** | 15° Aquarius |
| 19 Feb | | Yu Shui | Agua de lluvia | 0° Piscis |
| 6 Mar | Jing Zhi | | Insectos que despiertan | 15° Piscis |
| 21 Mar | | Chun Fen | *Equinoccio de primavera* | 0° Aries |
| 5 Abr | Qing Ming | | Claro y luminoso | 15° Aries |
| 20 Abr | | Gu Yu | Lluvia de las cosechas | 0° Tauro |
| 6 May | Li Xia | | **Inicio de verano** | 15° Tauro |
| 21 May | | Xiao Man | Pequeño sobrante | 0° Geminis |
| 6 Jun | Mang Zhong | | Plantación laboriosa | 15° Geminis |
| 21 Jun | | Xia Zhi | *Solsticio de verano* | 0° Cáncer |
| 7 Jul | Xiao Shu | | Pequeño calor | 15° Cáncer |
| 23 Jul | | Da Shu | Gran calor | 0° Leo |
| 7 Ago | Li Qui | | **Inicio de otoño** | 15° Leo |
| 23 Ago | | Chu Shu | Calor que cesa | 0° Virgo |
| 7 Sep | Bai Lu | | Rocío blanco | 15° Virgo |
| 23 Sep | | Qiu Fen | *Equinoccio de otoño* | 0° Libra |
| 8 Oct | Han Lu | | Rocio frío | 15° Libra |
| 23 Oct | | Shuang Jiang | Escarcha que cae | 0° Escorpión |
| 7 Nov | Li Dong | | **Inicio del invierno** | 15° Escorpión |
| 22 Nov | | Xiao Xue | Pequeña nieve | 0° Sagitario |
| 7 Dic | Da Xue | | Gran nieve | 15° Sagitario |
| 22 Dic | | Dong Zhi | *Solsticio de invierno* | 0° Capricornio |
| 5 Ene | Xiao Han | | Pequeño frío | 15° Capricornio |
| 20 Ene | | Da Han | Gran frío | 0° Aquarius |

## 2.3 El Calendario Solar Chino

Sobre el inicio de un nuevo año hay mucho qué comentar, algunos usan el Año Nuevo Lunar, que cambia cada año, porque se basa en la segunda Luna Nueva después del solsticio de invierno. Esto significa que puede ocurrir en enero o en febrero, dependiendo del ciclo de la luna a la hora del solsticio.

Otros utilizan el solsticio mismo, usando uno de los 24 chi solares, conocido como el T'ung Chih. Éste era el Año Nuevo Chino durante la dinastía T'ang. El solsticio de invierno o T'ung Chih es el punto en que la energía yin llega a su cumbre, con un día muy corto y una noche muy larga; esto se puede observar como el momento en que el germen yang comienza a crecer. Después del solsticio los días comienzan a ser más largos. Esto podría ser un argumento muy válido para tomarlo como principio del Año Nuevo, aunque, en la práctica, la mayoría de los Maestros tradicionales del Feng Shui insisten que éste no está correcto.

La mayoría utiliza el festival de la primavera del Li Chun, pues el principio del año está basado en un cálculo solar, porque el Li Chun también está relacionado con uno de los 24 chi solares. Esto ocurre el 4 o el 5 de febrero, y éste es el sistema que se utiliza con mayor frecuencia y es más común, especialmente por aquellos Maestros que enseñan el arte tradicional clásico chino del Feng Shui.

Para calcular los cuatro pilares del destino la mayoría usa correctamente el calendario solar. Es correcto usar el calendario solar porque así lo indica el libro clásico de Ba Zi: YUAN HAI ZI PING,

En el texto señala: "Si uno nace el primer día del primer mes en el mediodía, y si el 'Inicio de la Primavera' es en la Hora Mao (Conejo), entonces él nació en el primer mes del año. Si él nace en la Hora Yin (Tigre), entonces es antes del 'Inicio de la Primavera', y él es considerado que ha nacido el año anterior".

De aquí se desprende lo siguiente: que en el momento exacto del "Inicio de la Primavera" inicia un nuevo año. Un año lunar no comienza en el "Inicio de la Primavera", es el año solar el que comienza cuando "Inicia la Primavera". Usar el calendario solar es Ba Zi y es la correcta astrología de los cuatro pilares del destino, por usar el cambio del año en el "Inicio de la Primavera".

Una situación que ha generado polémica es la de modificar el Qi de Troncos y Ramas para adaptarlos al hemisferio sur. Se equivocan, porque emplean un criterio climático, siendo que el fundamento para la asignación de los cinco elementos está en el movimiento del sol desde el punto de vista geocéntrico.

Por otro lado, en la astrología china sí se contemplan los ajustes climáticos, porque es natural que en el hemisferio norte ocurra el verano cuando en el hemisferio sur impera el invierno y viceversa; así como ajustes de fechas de inicio de las estaciones, dependiendo de la latitud.

## Capítulo 3

# Cálculo de los cuatro pilares

### 3.1 Calculando el pilar del día

Vamos a aprender a calcular los pilares del destino, comenzando con el cálculo del pilar del día. Este pilar es el punto central del sistema Ba Zi. Se le conoce como el Maestro del Día y su elemento identifica el elemento personal.

**Presentación de los cuatro Pilares:**

| Pilar de la Hora: | Pilar del Día: | Pilar del Mes: | Pilar del Año: |
|---|---|---|---|
| 戊<br>Wu<br>Tierra<br>yang | 甲<br>Jia<br>Madera<br>yang | 癸<br>Gui<br>Agua<br>yin | 庚<br>Geng<br>Metal<br>yang |
| 辰<br>Chen<br>Dragón<br>Tierra<br>yang | 辰<br>Chen<br>Dragón<br>Tierra<br>yang | 未<br>Wei<br>Cabra<br>Tierra<br>yin | 子<br>Zi<br>Rata<br>Agua<br>yang |

Si usted observa la carta arriba presentada, verá que contiene ocho caracteres chinos; son estos ocho caracteres los que se llaman Ba Zi, que significa sencillamente: "ocho caracteres". Estos eran intercambiados tradicionalmente en una tarjeta roja cuando se buscaba una pareja. Los pilares de arriba representa la hora del dragón de tierra, en el día del dragón de madera, durante el mes de la cabra de agua, en el año de la rata de metal. Se relaciona completa y sencillamente con el 15 de julio de 1960, entre las 7 y las 9 de la mañana.

## Cálculo del pilar del día

De los cuatro pilares, el pilar del día es el más difícil de calcular por lo que nos proporciona la oportunidad ideal para comenzar. Claro que si usted es capaz de leer un Calendario Chino no tendrá ningún problema. Aprender este sistema le permitirá calcular cualquier fecha, incluso las que no se incluyen en textos recientes.

Existen métodos diferentes para hacer este cálculo, y todos llegan a los mismos resultados, unos con mayor facilidad que otros, que son más complicados. Les presentamos aquí un sistema elaborado por Wade en el Siglo XIX y que se ha ido actualizando por varios estudiosos de la astrología china. Se requieren conocer 3 tablas, las cuales están colocadas al final del libro en el Apéndice.

**La Tabla A**, representa las 60 combinaciones o pilares posibles en su secuencia tradicional, comenzando con la rata de madera (*jiazi*) y terminando con el cerdo de agua (*guihai*).

**La Tabla B**, representa el pilar del día para el 1 de enero de cada año a partir de 1900 y hasta el 2011. Se expresa en términos numéricos que se relacionan con la Tabla A. Por ejemplo, en la tabla B, el año 1948 contiene un valor de 22, y observando en la

Tabla A, podemos ver que el 22 se relaciona con el gallo de madera. Esto significa que para el día 1 de enero de 1948, el Tronco y la Rama para el día, o el pilar del día era gallo de madera.

**La Tabla C**, representa la variable mensual, que es lo que tenemos que agregar para tomar en cuenta el mes. Vemos que enero se da como cero, sencillamente porque sabemos ya cuál es el pilar para el 1 de enero, así que para otras fechas del mes de enero, simplemente agregamos los días. Febrero aparece como 31 porque al mirar fechas en febrero tenemos primero que agregar los 31 días de enero. Puesto que este sistema se basa en secuencias de 60, porque sólo hay 60 combinaciones o pilares, cada vez que alcanzamos 60, comenzamos otra vez de 1.

Cuando calculemos fechas en un año bisiesto también tenemos que tomar esto en cuenta. Si la fecha es febrero 29, más adelante tenemos que agregar un 1 a nuestros cálculos. Sin embargo, es importante recordarnos que si la fecha es de febrero 28 o anterior, no se agrega el 1.

Vamos a desarrollar tres ejemplos, con ellos usted podrá ver que el método es simple. En el primer ejemplo es una fecha en un año normal; el segundo es una fecha en un año bisiesto, además que es después del 28 de febrero; y el tercero es una fecha también de año bisiesto, pero que es antes del 29 de febrero.

Los años bisiestos pueden ser identificados fácilmente cuando se determina si el año es divisible por cuatro, si puede ser divisible entonces el año es bisiesto, de lo contrario, no es un año bisiesto. Para facilitar determinarlo rápidamente, los años bisiestos están marcados con un asterisco en la Tabla B.

Es también importante recordar deducir un 1 a la fecha, esto porque tenemos ya el pilar del día para el 1 de enero en cualquier año. Si tomamos el 2 de enero como nuestra fecha, necesitamos solamente restar un 1, así que tomamos la fecha y restamos 1, ésta permite hacer esto.

Un punto final que es muy importante: recuerde que los Troncos yin están emparejados siempre con las Ramas yin (animales) y los Troncos yang se emparejan siempre con las Ramas yang (animales).

## Pasos para utilizar las Tablas en el Cálculo del Pilar del Día

Ejemplo 1: Encuentre el pilar del día para el 24 de octubre de 1966.

1. Vea en la **Tabla B** para el año 1966 = 57
2. Vea en la **Tabla C** para el mes de octubre = 33
3. Tome la fecha del día y reste 1, así:

   24 – 1 = 23

4. ¿Es un año bisiesto? Regrese a la **Tabla B**, ubique si el año contiene (*) asterisco; en este caso NO contiene asterisco, por lo tanto no se agrega nada.

   Así queda = 0

5. Sume los resultados de los pasos progresivos del 1 al 4, así:

   57 + 33 + 23 + 0 = 113

6. Reduzca 60 o 120 para llegar al número 60 o menos. Así:

   113 – 60 = 53

7. Use la **Tabla A** para ver el Tronco y la Rama que representa el número del ciclo 53: ahí usted verá, el dragón de fuego yang.

Por lo tanto, el pilar del día para el 24 de octubre de 1966 es el dragón de fuego. El dragón es yang y éste se relaciona sólo con el dragón (tierra yang) de fuego yang. 丙 辰

**Ejemplo 2**: Encuentre el pilar del día para el 5 de abril de 1960.

Paso 1: Vea en la **Tabla B** para el año 1960 = 25

Paso 2: Vea en la **Tabla C** para el mes de abril = 30

Paso 3: Tome a la fecha del día y reste 1, así: 5 – 1 = 4

Paso 4: ¿Es un año bisiesto? Regrese a la **Tabla B,** ubique si el año contiene (*) asterisco; en este caso Sí contiene asterisco y la fecha es posterior al 28 de febrero, por lo tanto se agrega 1: así = 1

Paso 5: Sume los resultados de los pasos progresivos del 1 al 4, así:

25 + 30 + 4 + 1 = 60

Paso 6: Reduzca 60 o 120 para llegar al número 60 o menos. Aquí no es necesario. Por lo tanto = 60

Paso 7: Use la **Tabla A** para ver el Tronco y la Rama que representa el número del ciclo 60, ahí usted verá: el cerdo de agua yin.

Por lo tanto, el pilar del día para el 5 de abril de 1960 es el cerdo de agua. El cerdo es yin y éste sólo se relaciona con el cerdo (agua yin) de agua yin. 癸 亥

**Ejemplo 3**: Encuentre el pilar del día para el 2 de enero de 1956

Paso 1: Vea en la **Tabla B** para el año 1956 = 04

Paso 2: Vea en la **Tabla C** para el mes de enero = 0

Paso 3: Tome la fecha del día y reste 1, así:

2 – 1 = 1

Paso 4: ¿Es un año bisiesto? Regrese a la **Tabla B**, ubique si el año contiene (*) asterisco; en este caso Sí contiene asterisco, pero la fecha es anterior al 28 de febrero, por lo tanto no se agrega nada. Así = 0

Paso 5: Sume los resultados de los pasos progresivos del 1 al 4, así:

$$4 + 0 + 1 + 0 = 5$$

Paso 6: Reduzca 60 o 120 para llegar al número 60 o menos. Aquí no es necesario. Por lo tanto = 5

Paso 7: Use la **Tabla A** para ver el Tronco y la Rama que representa el número del ciclo 5, ahí usted verá: el dragón de tierra yang.

Por lo tanto, el pilar del día para el 2 de enero de 1956 es el dragón de tierra. El dragón es yang y éste sólo se relaciona con el dragón (tierra yang) de tierra yang. 戊 辰

El pilar del día de nacimiento de una persona, es indiscutiblemente el cálculo más importante, porque el Tronco Celeste del pilar del día representa el elemento personal de un individuo o el Maestro del Día –como se le conoce a menudo–, y la Rama Terrestre del pilar del día representa el palacio de la unión, conocido también como la casa del esposo.

Calculando su pilar del día, usted ahora conoce que nació en el día de la serpiente de agua yin, o el día del caballo de fuego yang, o quizá incluso el día del gallo de metal yin. Así podrá abrir su mirada a una nueva dimensión conociendo la forma del concepto tradicional chino del tiempo.

Si usted nació en el día de la serpiente de agua yin, usted es una persona de agua yin; si usted nació en el día del caballo de fuego yang, usted es una persona de fuego yang; pero si su cumpleaños cayó en el día del gallo de metal yin, usted es una persona de metal yin. Determinar el elemento personal es tan sencillo como eso.

Por supuesto, éste es sólo el punto de partida, pero es el primer paso progresivo y el más importante para comprender la metafísica china y entender cómo las energías invisibles del Qi nos afectan como individuos.

## 3.2 Calculando el pilar del año

Usted verá que es muy sencillo. Para este cálculo y para el cálculo de los otros pilares, se usa la **Tabla A** que se encuentra en el Apéndice al final de este libro.

Usaremos también la **Tabla D** (también en el Apéndice); esta tabla nos presenta el número del ciclo resultado de la combinación del Tronco Celeste con la Rama Terrestre para los años de 1900 al 2011. Vea simplemente el año que está calculando, anote el número del ciclo y después localícelo en la Tabla A para ver con qué pilar se está relacionando. Recuerde que los Troncos yin se asocian con las Ramas yin (animales) y que los Troncos yang se asocian con las Ramas yang (animales).

### Pasos para utilizar las Tablas en el Cálculo del Pilar del Año:

Ejercicio 1: ¿Cuál es el pilar del año para la fecha del 8 de octubre de 1972?

1. Octubre 8 es después de la celebración del Li Chun, (lo señala la **Tabla D**, sin asterisco) así que busque 1972. (Li Chun: es la fiesta de la entrada de la primavera, usada en el Calendario Solar).
2. Vea la **Tabla D** y localice 1972 = 49.
3. Vea la **Tabla A** y ubique 49 = rata de agua yang.

Esto significa que el pilar del año para 1972 es la rata de agua. Puesto que la rata es yang, ésta sólo se relaciona con la rata (agua yang) de agua yang. 壬 子

**Ejemplo 2:** ¿Cuál es el pilar del año para el 25 de enero de 1935? Paso 1: enero 25 está antes que el festival del Li Chun, (lo señala la Tabla D, sin asterisco) así que buscamos 1934. (Estamos empleando el Calendario Solar Chino, por eso no buscamos 1935).

Paso 2: Vea la **Tabla D** y localice 1934 = 11

Paso 3: Vea la **Tabla A** y ubique 11 = perro de madera yang.

Esto significa que el pilar del año para 1935 es el perro de madera. Puesto que el perro es yang, éste sólo se relaciona con el perro (tierra yang) de madera yang. 甲 戌

En la **Tabla D** los años que están marcados con un (*) asterisco denotan que el festival de la primavera del Li Chun cayó el 4 de febrero, y los que están sin el (*) asterisco son los años donde el festival del Li Chun cayó en 5 de febrero.

Si usted está calculando una fecha del mes de enero, o una que sea antes del festival del Li Chun, necesitará utilizar el año inmediato anterior, según se ejemplificó en el caso anterior. Esto es porque en el estilo tradicional de los Cuatro Pilares, el festival del Li Chun marca el principio de un nuevo año.

## 3.3 Calculando el pilar del mes

Para calcular el pilar del mes necesitamos conocer la Rama Terrestre y el Tronco Celeste que constituyen el pilar del mes. Para esto, primero necesitamos determinar la Rama Terrestre y esto puede ser hecho con facilidad usando la **Tabla E**:

| MES OCCIDENTAL | RAMA TERRESTRE |
|---|---|
| Enero 5/6 | Buey 丑 Chou<br>**TIERRA YIN** |
| Febrero 4/5 | Tigre 寅 Yin<br>**MADERA YANG** |
| Marzo 5/6 | Conejo 卯 Mao<br>**MADERA YIN** |
| Abril 4/5 | Dragón 辰 Chen<br>**TIERRA YANG** |
| Mayo 5/6 | Serpiente 巳 Si<br>**FUEGO YIN** |
| Junio 5/6 | Caballo 午 Wu<br>**FUEGO YANG** |
| Julio 7/8 | Cabra 未 Wei<br>**TIERRA YIN** |
| Agosto 7/8 | Mono 申 Shen<br>**METAL YANG** |
| Septiembre 7/8 | Gallo 酉 You<br>**METAL YIN** |
| Octubre 8/9 | Perro 戌 Xu<br>**TIERRA YANG** |
| Noviembre 7/8 | Cerdo 亥 Hai<br>**AGUA YIN** |
| Diciembre 7/8 | Rata 子 Zi<br>**AGUA YANG** |

La fecha que se busca puede variar por un día, como se puede observar en la **Tabla E**; ésta es otra razón de porqué existe una buena ventaja si se tiene la capacidad de leer el calendario chino, que también incluye el tiempo de cada uno de los términos de ocurrencia del chi solar. Sin embargo, hablando generalmente, esta **Tabla E** proporcionará la información necesaria para la mayoría de las personas.

Tomando el mes occidental del nacimiento –y con la **Tabla E**– podemos determinar cuál es la Rama Terrestre para el pilar del mes. Por supuesto, es importante recordar que los meses solares chinos no comienzan por el primer día del mes, así que debemos tener presente esto al hacer sus cálculos.

## Pasos para utilizar las Tablas en el Cálculo del Pilar del Mes

**Ejemplo 1:** ¿Cuál es la Rama Terrestre del pilar del mes para el 15 de octubre?

1. El 15 de octubre está después del 8 y 9 de octubre, (**Tabla E**, primera columna) así que se usa el mes de octubre.
2. Vea la **Tabla E** y localice

Octubre = perro.

Esto significa que la rama terrestre del pilar del mes para el 15 de octubre es el perro (tierra yang). 戌

**Ejemplo 2:** ¿Cuál es la Rama Terrestre del pilar del mes para el 1 de febrero?

Paso 1: El 1 de febrero es antes de febrero 4 y 5, (**Tabla E**, primera columna) así que usaremos **enero**.

Paso 2: Vea la **Tabla E,** y ubique

Enero = buey.

Esto significa que la rama terrestre del pilar del mes para el 1 de febrero es el buey (tierra yin). 丑

Una vez determinada la Rama Terrestre del mes, ahora necesitamos calcular el Tronco Celeste, y esto se puede lograr con gran agilidad usando la **Tabla F** (colocada en el Apéndice de este libro). Esta tabla se conoce comúnmente como "**Los 5 Tigres cazando el mes**", y se le encuentra en todas las ediciones del calendario de los diez mil años. El truco en esto es usar el Tronco del pilar del año, porque usted verá que hay un nexo muy especial entre el año y el mes.

Para utilizar la **Tabla F** tome simplemente la Rama del pilar del mes que usted acaba de calcular y vea en la columna del lado izquierdo para encontrar el animal asociado a esa Rama. Entonces, vea atrás el pilar del año que usted ha calculado, y utilice la rama de ese pilar del año para localizar el Tronco Celeste para el pilar del mes.

**Ejercicio:** ¿Cuál es el Tronco Celeste del mes de la rata, en 1965?

1. Busque 1965 en la **Tabla D** = 42
2. Busque el ciclo 42 en la **Tabla A** = Pilar del año de la serpiente de madera yin.
3. Ya que la serpiente es considerada yin, el Tronco del Año debe ser madera yin.
4. Ahora, usando la **Tabla F** localice la Rama de la Rata en la columna del lado izquierdo vertical, y entonces vea horizontalmente durante el año con un tronco de madera yin colocado arriba para determinar el Tronco para la Rama del mes de la rata = Tierra yang. 戊

Esto significa que el pilar del mes para la rata en 1965 = Tierra yang rata. 戊 子

El elemento que se da en la Tabla relaciona al elemento que es asociado con cada uno de estos pares:

- **Madera yang y tierra yin** se dicen que "combinan", y esta combinación produce la tierra.

- **Madera yin y metal yang** se dicen que "combinan", y esta combinación produce el Metal.
- **Fuego yang y metal yin** se dicen que "combinan", y esta combinación produce el Agua.
- **Fuego yin y agua yang** se dicen que "combinan", y esta combinación produce la Madera.
- **Tierra yang y agua yin** se dicen que "combinan", y esta combinación produce el fuego.

Si usted puede recordar los pares y el elemento que es asociado con cada par, y también puede recordar que el Tronco del mes del tigre es el elemento que "genera" este elemento, usted no necesitará usar la **Tabla F**. Una vez que ha establecido el Tronco del mes del tigre, todo lo demás sigue una secuencia.

Por ejemplo, en un año con un Tronco de metal yang, si nosotros recordamos que ese metal yang combina con madera yin, y que esta combinación produce METAL, sabremos que el Tronco del mes del tigre ese año debe ser la tierra, ya que la tierra "genera" metal. Nosotros sabemos que se considera que el tigre (madera yang) es yang, por lo tanto el Tronco debe ser tierra yang.

¡Si usted practica esto con constancia, pronto encontrará que las fórmulas son sencillas!

## 3.4 Calculando el pilar de la hora

Para calcular el pilar de la hora, nosotros usamos una forma similar a cuando hacemos el calculo del pilar del mes. Determinamos primero la Rama y entonces, en lugar de usar el tronco del año, usamos el Tronco del día. La Rama de la hora que usa la **Tabla G** siguiente le puede ayudar a determinar esto fácilmente.

### Tabla G

| HORAS OCCIDENTALES | RAMA TERRESTRE |
|---|---|
| 11 p.m. – 1 am | RATA<br>Agua yang |
| 1 am – 3 am | BUEY<br>Tierra yin |
| 3 am – 5 am | TIGRE<br>Madera yang |
| 5 am – 7 am | CONEJO<br>Madera yin |
| 7 am – 9 am | DRAGÓN<br>Tierra yang |
| 9 am – 11 am | SERPIENTE<br>Fuego yin |
| 11 am – 1 pm | CABALLO<br>Fuego yang |
| 1 p.m. – 3 p.m. | CABRA<br>Tierra yin |
| 3 p.m. – 5 p.m. | MONO<br>Metal yang |
| 5 p.m. – 7 p.m. | GALLO<br>Metal yin |
| 7 p.m. – 9 p.m. | PERRO<br>Tierra yang |
| 9 p.m. – 11 p.m. | CERDO<br>Agua yin |

## Pasos para utilizar las Tablas en el Cálculo de los Pilares de la Hora

**Ejercicio:** ¿Cuál es la Rama de la hora para las 6:30 p.m.?

**1.** Localice el rango en la **Tabla G** que abarque las 6:30 p.m., cae entre 5 p.m. y 7 p.m. = Gallo (metal yin).

Esto significa que la Rama de la hora es el gallo (metal yin). 酉

Habiendo determinado la Rama Terrestre de la hora, necesitamos calcular el Tronco Terrestre, y para localizarla con rapidez se usa la **Tabla H** que colocamos en el Apéndice.

La **Tabla H** normalmente es conocida como "**Las Cinco Ratas Cazando el Reloj**", y como la tabla anterior, se encuentra también en las ediciones del Calendario de los Diez Mil Años.

**El truco de esto es usar el Tronco Celeste del pilar del día,** porque como usted verá en la **Tabla H**, existe una relación especial entre el día y la hora.

Nota: En la **Tabla H**, verá que ésta inicia con la rata y finaliza con la rata, esto es porque un nuevo día empieza a medianoche. La primera rata se relaciona con la medianoche a la 1 a.m., y la segunda rata se relaciona con las 11 p.m. a la medianoche.

Para usar la **Tabla H,** vea primero en la columna vertical en el lado de la mano izquierda y localice la Rama del pilar de la hora en cuestión; enseguida vea arriba en la columna horizontal el Tronco del Día asociado en cuestión.

**Ejemplo**: ¿Cuál es el Tronco durante la hora del buey, en un día con un Tronco de fuego yin?

1. En la **Tabla H**, localice el buey en la columna de la mano izquierda y entonces busque en la columna asociada con un Tronco del día de fuego yin = Metal yin.

Esto significa que la Hora del buey, en un día con un Tronco de fuego yin, tiene un Tronco de metal yin. 辛

El truco para este paso, es como el anterior. Si usted puede recordar las combinaciones de los Troncos y los elementos con que está asociado en cada combinación, así como recordar que la primera rata es asociada con el elemento que "controla" ese elemento, entonces también puede hacer el cálculo sin necesidad de Tablas.

Por ejemplo, en un día con el Tronco de madera yang que se asocia con la tierra yin y que produce la tierra, la primera rata tiene el Tronco de madera, porque ésta se dice que "controla" o gobierna la tierra y el resto sigue sólo una secuencia. De nuevo con un poco de práctica, éste cálculo se volverá sumamente sencillo.

Hasta aquí hemos visto ya cómo calcular los cuatro pilares del destino. Será bueno practicar el aprendizaje de lo visto hasta ahora, porque la práctica hace al maestro.

Realicemos un cálculo completo, paso a paso.

## Ejemplo completo del cálculo de los Cuatro Pilares del Destino

¿Cuáles son los cuatro pilares, para una persona que nació el 17 de marzo de 1975 a las 6:30 a.m.?

**Cálculo del pilar del día:**

Paso 1: Vea en la **Tabla B** para el año 1975 = 44

Paso 2: Vea en la **Tabla C** para el mes de marzo = 59

Paso 3: Tome la fecha del día y reste 1, así: 17 – 1 = 16

Paso 4: ¿Es un año bisiesto?, Regrese a la **Tabla B**, ubique si el año 1975 contiene (*) asterisco, en este caso NO contiene asterisco, por lo tanto no se agrega nada. Queda = 0

Paso 5: Sume los resultados de los pasos del 1 al 4, así:

44 + 59 + 16 + 0 = 119

Paso 6: reduzca 60 o 120 para llegar al número 60 o menos. Así:

$$119 - 60 = 59$$

Paso 7: Use la **Tabla A** para ver el Tronco y la Rama que representa el número del ciclo 59: ahí usted verá el perro de agua yang.

Por lo tanto, el pilar del día para el 17 de marzo de 1975 a las 6:30 a.m. es el perro de agua. El perro es yang y éste se relaciona sólo con el perro de agua yang.

| HORA | DÍA | MES | AÑO |
|---|---|---|---|
| | Agua<br>yang<br>壬<br>REN | | |
| | Perro<br>戌<br>XU<br>Tierra<br>yang | | |

## Cálculo del pilar del año:

Paso 1: marzo 17 de 1975 a las 6:30 a.m. es después de la celebración del Li Chun, (aparece en la **Tabla D** con (*) asterisco y nos señala que cayó el 4 de febrero) así que busque 1975.

Paso 2: Vea la **Tabla D** y localice 1975 = 52

Paso 3: Vea la **Tabla A** y ubique 52 = conejo de madera yin.

Esto significa que el pilar del año para 1975 es el conejo de madera.

Puesto que el conejo es yin, éste sólo se relaciona con el conejo de madera yin.

| HORA | DÍA | MES | AÑO |
|---|---|---|---|
| | Agua<br>yang<br>壬<br>REN | | Madera<br>yin<br>乙<br>YI |
| | Perro<br>戌<br>XU<br>Tierra<br>yang | | Conejo<br>卯<br>MAO<br>Madera<br>yin |

## Cálculo del pilar del mes:

A) Determinar la Rama Terrestre del mes:

Paso 1: marzo 17 de 1975 a las 6:30 a.m. está después del 5 y 6 de marzo, (**Tabla E**, primera columna) así que se usa el mes de marzo.

Paso 2: Vea la **Tabla E** y localice marzo = conejo.

Esto significa que la Rama Terrestre del pilar del mes para marzo 17 de 1975 es el conejo.

B) Determinar el Tronco Celeste del mes:

Paso 1: Busque 1975 en la **Tabla D** = 52

Paso 2: Busque el ciclo 52 en la **Tabla A** = pilar del año del conejo de madera yin.

Paso 3: Ya que el conejo es considerado yin, el Tronco del año debe ser madera yin.

Paso 4: Ahora, usando la **Tabla F** localice la Rama del conejo en la columna del lado izquierdo vertical, y entonces vea horizontalmente durante el año con un Tronco de madera yin colocado arriba, para determinar el Tronco para la Rama del mes del conejo = Tierra yin. Esto significa que el pilar del mes para el conejo en 1975 = Tierra yin conejo.

| HORA | DÍA | MES | AÑO |
|---|---|---|---|
| | Agua<br>yang<br>壬<br>REN | Tierra<br>yin<br>己<br>JI | Madera<br>yin<br>乙<br>YI |
| | Perro<br>戌<br>XU<br>Tierra<br>yang | Conejo<br>卯<br>MAO<br>Madera<br>yin | Conejo<br>卯<br>MAO<br>Madera<br>yin |

## Cálculo del pilar de la hora:

A) Determinar la Rama Terrestre de la hora, para marzo 17 de 1975 a las 6:30 a.m.

Paso 1: Localice el rango en la **Tabla G**, que abarque las 6:30 a.m.; cae entre 5 a.m. y 7 a.m. = conejo. Esto significa que la Rama Terrestre de la hora es el conejo.

B) Determinar ¿cuál es el Tronco Celeste de la hora del conejo, en un día con un Tronco de agua yang?

Paso 1: En la **Tabla H**, localice el conejo en la columna de la mano izquierda y entonces busque en la columna asociada con un Tronco del día de agua yang = agua yin.

Esto significa que la hora del conejo, en un día con un Tronco de agua yang tiene un Tronco Celeste de agua yin.

Hemos terminado el cálculo.

Estos son los cuatro pilares del destino o el Ba Zi (Ocho caracteres), para una persona que nació el 17 de marzo de 1975 a las 6:30 a.m.:

| HORA | DÍA | MES | AÑO |
|---|---|---|---|
| Agua<br>yin<br>癸<br>GUI | Agua<br>yang<br>壬<br>REN | Tierra<br>yin<br>己<br>JI | Madera<br>yin<br>乙<br>YI |
| Conejo<br>卯<br>MAO<br>Madera<br>yin | Perro<br>戌<br>XU<br>Tierra<br>yang | Conejo<br>卯<br>MAO<br>Madera<br>yin | Conejo<br>卯<br>MAO<br>Madera<br>yin |

No se preocupe demasiado si tiene algún error, simplemente trabaje de nuevo a su manera con ellos, para ver dónde es que cometió el fallo. Con un poco de práctica, los cálculos le serán muy fáciles y familiares.

Le recomendamos use los pasos señalados desde el inicio de este Capítulo 3. Primero, para hacer los cálculos del pilar del día, escríbalo en un cuadro como el que dibujamos abajo en blanco; entonces continúe con el pilar del año, el pilar del mes y finalmente el pilar de la hora. Si usted se apega a los pasos dados usando los ejemplos aportados anteriormente, se sorprenderá de la facilidad con que podrá llegar a un buen resultado. Es una buena idea seguir practicando con varios ejemplos con el fin de que se familiarice completamente con el sistema.

| HORA | DÍA | MES | AÑO |
|---|---|---|---|
| | | | |
| | | | |

# PARTE II

## Interpretación de los cuatro pilares del destino

## Capítulo 4

# El método de interpretación empleando el agente del binomio

### 4.1 La esencia del binomio

Cuando se combinan las doce Ramas Terrestres con los diez Troncos Celestes, se forma un binomio, y completando un ciclo de sesenta combinaciones se vuelve a repetir el ciclo, llamado Ciclo Jia-Zi. Estos binomios se relacionan con los Cinco Elementos, de acuerdo a las **Tablas de Esencias de Binomios I y II** colocados en el Apéndice.

El método de interpretación empleando el agente del binomio es sencillo, sólo hay que agregarlo a los pilares del año, del mes y del día, no de la hora, porque sólo interpretaremos al horóscopo chino usando tres pilares.

Hagamos un ejemplo:

¿Cuáles son los Cuatro Pilares del Destino de un hombre que nace el día 18 de enero de 1916 a las 2:45 a.m. en París, Francia?

Luego de calculados los cuatro pilares del destino, sólo tenemos que ubicar de qué binomio se trata empleando las **Tablas de Esencias de Binomios I y II**, colocadas en el Apéndice, y colocar en la parte superior la esencia del binomio, o sea, el elemento con el que se relaciona dicho binomio.

| ESENCIA: | G: AGUA YANG (51) | D: FUEGO YIN (26) | A: AGUA YIN (52) |
|---|---|---|---|
| HORA: | DIA: | MES: | AÑO: |
| 乙 Yi<br>Madera yin | 甲 Jia<br>H: Madera yang | 己 Ji<br>E: Tierra yin | 乙 Yi<br>B: Madera yin |
| 戌<br>Buey Chou<br>Tierra yin | 寅<br>Tigre Jin<br>I: Madera yang | 丑<br>Buey Chou<br>F: Tierra yin | 卯<br>Conejo Mao<br>C: Madera yin |

Y eso es todo, hemos terminado completamente la parte de cálculo y armado de los ocho caracteres del destino. Podemos ahora sí, ir a la siguiente parte de este libro para la interpretación de los cuatro Pilares del Destino. Ya todo será ya muy sencillo, lo más arduo, complicado y difícil ha pasado ya. En este sistema sólo estaremos empleando los pilares del año, del mes y del día, en total nueve agentes o elementos.

## 4.2 Las cinco fases y su influencia sobre la personsalidad humana

Del mapa de los cuatro pilares del destino, en primer lugar, nos importará el elemento que en el ZI PING se le conoce como el Maestro del Día; aquí nos referimos a él con la letra **H,** y de acuerdo a la fase del Tronco Celeste del pilar del día, buscaremos la descripción correspondiente: La Madera, El Fuego, La Tierra, El Metal o El Agua.

**MADERA**
**MU**
木

4.2.1 LA MADERA: El individuo influenciado por la madera es alguien creador. Al igual que las plantas, no cesa de crecer y de desarrollarse. Es un ser relativamente equilibrado que consigue que los demás compartan su punto de vista. Es un líder con algo de *pygmalión*, tanto en su medio familiar y entre sus amistades, como en su trabajo. Si este gusto es muy pronunciado, su necesidad de arrastrar a los demás puede llegar muy lejos; por ejemplo hasta la política. Extrovertido, lo encontramos en las reuniones sindicales intentando reformar el mundo; en el profesorado inventando nuevas formas educativas; en la religión escuchando a sus ovejas con atención y compasión; sin embargo, es en los medios artísticos donde puede dar rienda suelta a su sed creadora. Su mayor defecto es sin duda su capacidad de encolerizarse cuando las cosas no le salen a su gusto.

El individuo madera puede entenderse con una persona de fuego que lo ayudará a "nacer"; con un individuo de tierra a quien dominará (falta saber si éste lo apreciará siempre); también con el agua que se lo pondrá todo en bandeja. Por el contrario, el encuentro con el metal se expone a ser difícil ya que éste siempre intentará luchar con la madera. (Y aquí será cuando éste se encolerice de verdad).

**FUEGO**
**HUO**
火

4.2.2 EL FUEGO: El individuo de fuego es impulsivo; un caballo fogoso que relincha impaciente ante cualquier acontecimiento. Quiere tener éxito en todo, que las cosas y los seres se dobleguen ante su voluntad. Por suerte para él, pero por desgracia para los demás, casi siempre lo consigue. Si la madera es un líder para el bien de la humanidad, el fuego lo es para sí mismo. Es violento, agresivo, apasionado e inmoderado: ama con locura o detesta con toda su alma; no vive, arde; no via ja, explora el mundo; no crea, innova. ¡Todo un panorama! Resulta difícil entenderse con él. Si la madera aceptara someterse (¿acaso es posible?), juntos podrían emprender grandes cosas. El fuego puede ayudar a la tierra, pero la ahoga demasiado. Detesta al agua que apaga su energía, pero conquista al metal, al que no aprecia demasiado.

**TIERRA**
**T'U**
土

**4.2.3 LA TIERRA:** Podemos contar con una persona nativa de tierra. He aquí alguien estable, preciso y trabajador. Para ella, su ambición sólo es material. Lenta (pero segura) va amasando fortuna (¡ahorrando de aquí y de allá!). Nada de golpes espectaculares, no, sino sólo proyectos de éxito seguro y que además, seguramente, conseguirá realizar. Es meditabunda; una pensadora nata. Pero ¡cuidado!, si no hay nada que contrarreste su carácter, se vuelve egoísta, aprovechada e incluso avara. Es el perfecto hombre de negocios. Al no ser combativo, un nativo de tierra puede entenderse con todo el mundo. Una persona de fuego lo sacudirá y lo activará un poco; de todas formas, el equilibrio puede ser difícil si el fuego (¡como de costumbre!) quiere hacerlo todo. Aprecia al agua, quien se deja inhibir completamente. Desconfía de la muy expansionista madera a la que intentará utilizar, y ayudará a realizarse al metal.

**METAL**
**CHIN**
金

**4.2.4 EL METAL:** El nativo influenciado por el metal es un individuo frío, tenaz, encerrado en sí mismo y solitario. Sean duros o blandos con él, ¡no hay nada que hacer! Es inflexible. Se ha trazado una línea de conducta y la sigue sin rodeos. Su único motor es la ambición. Una ambición desbordante a la que le sacrifica todo. Decide y organiza. Íntegro, no soporta las observaciones. Sabe que lo que hace está bien hecho, dado que siempre recapacita antes de actuar. Precisamente, quizá piense demasiado: Es el rey en cuanto al planteamiento de cuestiones metafísicas que nadie comparte. Está obsesionado por lo trascendental. La vida cotidiana, comparada a lo que aspira vivir su alma interior, le parece muy pobre. Ello lo torna taciturno y con pocas ganas de vivir.

En absoluto misántropo, el metal tiene verdaderas dificultades para convivir con los demás. No soporta al fuego que intenta destruirlo; detesta a la madera que le irrita con sus buenos sentimientos; le gustaría que la tierra le dejase en paz de vez en cuando; podría resultarle benéfico al agua pero, en su opinión, ¡tiene cosas más importantes que hacer!

**AGUA**
**SHUI**
水

4.2.5 EL AGUA: El nativo de agua es tranquilo y resulta agradable convivir con él. ¡Nada de peleas, nada de conflictos! No manda a nadie; persuade (y como posee un gran encanto, ¡funciona!). Para él, la vida debe ser una continuidad de paz, templanza y armonía. No es más que sentimiento y emoción. Su mayor defecto es, por desgracia, el caer fácilmente en la pasividad. El agua intenta entenderse con todos. Será la devota mano derecha de la madera; se dejará conducir condescendientemente por el metal mientras va sufriendo su frialdad; apreciará, a veces, la estabilidad de la tierra reprochándole el ahogar su personalidad; querrá calmar y persuadir al fuego quien, sintiéndose en peligro, pondrá los pies en polvorosa...

## 4.3 El secreto del día en que nació

Del mapa de los cuatro pilares del destino veremos cuál es el animal chino que corresponde al **día**. Aquí nos referimos a él con la letra **I**, con lo que, de acuerdo a la Rama Terrestre del pilar del día, buscaremos la descripción correspondiente: Rata, Buey, Tigre, Conejo, Dragón, Serpiente, Caballo, Cabra, Mono, Gallo, Perro o Cerdo.

No hay que tomar la interpretación al pie de la letra; es necesario combinar y matizar estas características con las otras descripciones de la personalidad antes señaladas y tratar de elaborar una síntesis con estos datos para crear un perfil lo más real posible de la persona consultante.

Si nació en el día de la **Rata**, usted es una persona muy esmerada, cuidadosa, atenta e intuitiva con relación al trabajo que emprende. Es fácil de perder su temple, se impacienta tratando de mostrar una imagen elegante y profesional; es cuidadoso en el vestir y en los modos de hacer. A menudo se pierde en el enamoramiento por lo que tarda su desarrollo en otros campos; su economía y la simplicidad son sus buenas virtudes. Es tímido pero estratégico.

Si usted nació en el día del **Buey**, es una persona muy correcta que puede mantener excelentes relaciones públicas y sociales con otros, pero debe cuidarse de no ser malinterpretado. Para alcanzar sus metas trabaja arduamente, se inquieta y llega a pasar las noches en vela encima de su proyecto. Es una persona diligente y se esfuerza por conquistar logros. Tiende a ser reservado, paciente, pasivo y lento al reaccionar.

Si usted nació en un día **Tigre**, es una persona virtuosa con un fuerte sentido de simpatía por el débil. Es un organizador nato con buena capacidad de líder. Pone todo su empeño y su corazón en los desafíos de nuevas cosas. Su virtud es la decencia; posee un carácter con mucha vitalidad; proyecta una imagen de persona de negocios exitosa y a veces tiende a ser curioso.

Si usted nació en un día **Conejo,** eso le hace ser optimista, popular, versátil e interesado en la moda. Es una persona amorosa, magnánima, tranquila y con libertad en el amor. La vanidad es parte de su perfil.

Si usted nació en un día de **Dragón**, posee una elegancia y una nobleza que convence. Es inteligente y activo, también orgulloso y egoísta. Sabe agradar a las personas por su carácter entusiasta y amable. Es intelectual y conocedor. Quiere mostrar su realeza; odia ser un subordinado y teme perder la atención que ha capturado.

Si usted nació el día de la **Serpiente** es un idealista. Como una persona artera toma las cosas por su asa con prudencia y extremo cuidado. Tiende a los celos y no perdona fácilmente; en lo más profundo celebra cultivando ese odio durante mucho tiempo. Su personalidad interior le hace también ser un buen guardián de confidencias. Es una persona nerviosa que le gusta estudiar e investigar.

Si usted nació en un día del **Caballo,** es sentimental con un tierno corazón que está cubierto de una apariencia de hierro. Es una persona sociable e inteligente. Se distingue su carácter impulsivo que lo lleva a cambiar a menudo su pensamiento y su profesión; tiende a mantener conversaciones rápidas con giros de 180°, cambiando velozmente en las cosas que emprende. Es fácil de soltar los secretos que le confían y le gusta razonar con su instinto, poder intuitivo y psíquico.

Si usted nació en un día de la **Cabra**, es usted manso, luminoso, pacífico y estable; su suavidad y cortesía le traen más emociones y sentimientos. Está cerca de la religión, casi pío. Es autocontrolada, disciplinada y con una tendencia a la soledad. La delicadeza, amigabilidad y hospitalidad son sus buenas virtudes. Es buena en el arte y las técnicas.

Si usted nació en el día del **Mono**, es veloz e inteligente pero posesivo. Se aprovecha de las buenas oportunidades. No esconde sus verdaderos sentimientos en su rostro, es franco, abierto y generoso. Mantener una buena relación con las personas es su punto fuerte. Ser un ganador es su lema. Da énfasis a su reputación.

Si usted nació el día del **Gallo** es inteligente e ingenioso; tiene habilidades de previsión, porque se adelanta a los acontecimientos. Es comprensivo y puede ver el interior de las personas, incluso puede leer la mente con su especial poder espiritual. Disfruta de la buena comida y los buenos vestidos; tiene tendencia a coquetear, beber y a la complacencia sexual. Problemas de aventuras amorosas y ataduras románticas suelen acompañarle durante toda su vida.

Si usted nació en un día de **Perro**, tiene un fuerte sentido de responsabilidad y de justicia. Cumple la ley como un ciudadano decente. Es ambicioso, sensato, seguro de sí mismo, pero no muy sociable. Es posesivo, ama a los niños y le gusta cuidar de otros, sobre todo de las personas mayores.

Si usted nació en un día de **Cerdo**, es pendenciero, pero también honrado y correcto. Su arbitraria conducta lo hace aislarse de los demás y su interés apasionado en los asuntos románticos puede traerle pérdidas materiales y espirituales. Debe cuidarse de las confusiones mentales. Las actividades en grupo o en equipo no son de su particular interés. Su esfuerzo por trabajar es su mayor virtud.

## 4.4 El equilibrio de las cinco fases

### El equilibrio general

A pesar de que cada carácter es individual, gana siempre al encontrar su equilibrio. Nada peor que las situaciones empujadas continuamente a su paroxismo por individuos que no saben con cuál carta quedarse y provocan excesos creyendo que en ellas van a encontrar algunas migajas de verdad.

Este primer factor global de éxito demanda el examen de las proporciones de cada agente en el horóscopo, así como las relaciones entre el yin y el yang.

### Los agentes

Vuelva a leer su horóscopo chino de los cuatro pilares del destino: contiene nueve agentes, cuyo orden jerárquico nos interesa poco de momento. Cuéntelos simplemente, viendo cuál es la proporción de cada uno.

- Si ningún elemento se encuentra más de dos veces (tiene pues, cuatro elementos dobles y uno sencillo) el equilibrio es casi perfecto. No hay que hacer ningún comentario, quizá sólo: siga su vida o quédese en medio del camino, haga lo que haga estará bien, puesto que el destino vela muy favorablemente por usted.

Evidentemente, este caso es excepcional. Es casi demasiado perfecto para ser verdad. Ahora, hay que examinar todos los factores de desequilibrio que provocan los agentes en demasía o, al contrario, los ausentes. Ambas cosas tienen un significado que no hay que dejar escapar:

- Un agente que se encuentra tres veces en un horóscopo está demasiado presente, pero el exceso no empieza a ser tal, más que a partir de las cuatro presencias. Y es obvio decir que cinco o seis veces el mismo agente en un horóscopo, no hace más que aumentar los factores que vamos a describir.

Este es el significado de la presencia demasiado copiosa de ciertos agentes, así como de su eventual ausencia.

### 4.4.1 Predominio *Agua*

水 ***Cuatro o más:*** El nativo puede abrigar impulsos de muerte a veces muy violentos, con actitudes suicidas. Hay que tener cuidado de que no arrastre a su entorno en la misma dirección. Entre cuatro y seis agentes de agua el deseo de asesinato o de suicidio será simbólico. Cuantos más agentes, mayor peligro.

*Ausencia:* Una pérdida de contacto con la realidad que puede traducirse por una inconsciencia total, por un olvido permanente del peligro. Esta ausencia se une, pero por otros puntos, a los riesgos de una abundancia excesiva. El sujeto es frágil, pero ni él mismo lo sabe.

### 4.4.2 Predominio *Tierra*

土 *Cuatro o más:* Si tiene cuatro agentes de tierra podemos hablar de economía, pero el sujeto se volverá más avaro conforme aumenten los agentes. A partir de seis puede ser francamente insoportable, porque el deseo de riqueza siempre mayor se convierte en su único centro de interés en la vida. Peligro de transgredir las leyes sociales para conseguirlo.

*Ausencia:* Una total ignorancia del valor del dinero puede muy bien conducir al sujeto a la ruina. Pero antes de llegar a ella, si logró tener dinero en un momento dado de su existencia, habrá tenido tiempo de hacer muchos obsequios a su alrededor. Si empieza en la vida sin dinero, no lo tendrá nunca.

### 4.4.3 Predominio *Metal*

金 *Cuatro o más:* Una vida llena de melancolía y de depresión, orientada sin embargo hacia la entrega de sí mismo a los demás, es lo que espera al poseedor de semejante horóscopo. Con cuatro agentes de metal se convertirá en asistente social; con cinco, en médico de la beneficencia; con seis, en misionero; con siete, en loco de atar...

*Ausencia:* Una tendencia muy clara a replegarse sobre sí mismo y el egoísmo impedirán al sujeto ponerse en contacto con las personas que le rodean. Teme sobre todo que le quiten un poco de su tiempo y de su energía, ¡y no lo soporta!

### 4.4.4 Predominio *Fuego*

火 *Cuatro o más:* Se corresponden los desbordamientos de todo tipo, y nadie podrá canalizar su energía. El problema está en saber qué uso le dará, y eso puede ir desde realizaciones concretas hasta un derroche desenfrenado, del que sería muy útil alejarle.

*Ausencia:* Cierta dejadez –algunos dirán abandono evidente–, caracteriza a este sujeto, que corre el riesgo de encontrarse continuamente conducido por los acontecimientos, sin poder dominarlos. Se confirma con tomar las cosas como vienen, exponiéndose a no ser gran cosa.

### 4.4.5 Predominio *Madera*

木 *Cuatro o más:* Cuantos más agentes de madera haya en un horóscopo, menos sensible es el sujeto a lo que le rodea. Este factor de estabilidad, cuando se encuentra en cantidad normal, se convierte en un elemento peligroso para los demás si se halla abundantemente representado.

*Ausencia:* Por pocas cualidades que tenga el sujeto, no le faltará la de no dejarse invadir por todos los parásitos que encuentre, con riesgo de añadir a esto saltos de humor muy bruscos, por lo general, tan pasajeros como incomprensibles.

## 4.5 La proporción de Yin y de Yang

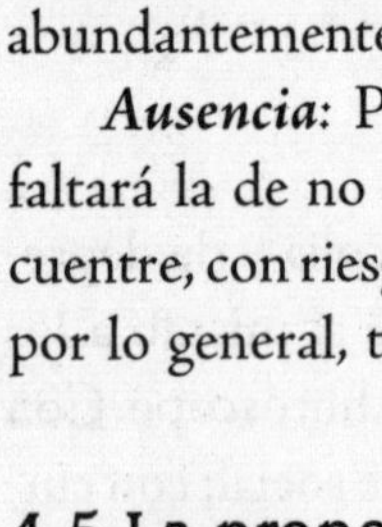

#### El yin y el yang

Idealmente, como puede usted comprender, la proporción ideal de yin y de yang es dos/dos, puesto que estas nociones están en número de cuatro, tomando en consideración únicamente los elementos de los cuatro pilares, sin el factor de la esencia del binomio, esto es: el pilar del año, el pilar del mes, el pilar del día y el pilar de la hora, se contabilizan cuántos son yin y cuántos son yang. Sin embargo, esta manera de ver las cosas no es del todo exacta. En efecto, uno de los pilares que del yin o del yang predomina, es el del año de nacimiento.

En el caso en que haya dos yin y dos yang, la tendencia será, pues, la del año, pero no estarán en desequilibrio. Se tratará simplemente de una orientación completamente natural que puede corresponder, por ejemplo, al sexo de la persona, o a cualquier otro elemento determinante. De todas maneras ahí tenemos una situación ideal.

Casi ideal también, y por la misma razón, es el caso en que una de las dos posibilidades esté presente tres veces, frente a una única representación de la otra, pero precisamente para el año.

La fuerza yin o yang del año llega casi a compensar la sobrecarga de las otras tres, y nos encontramos ante la situación inversa a la anterior: muy buen equilibrio, pero con una ligera orientación hacia el del yin o el del yang que se encuentre presente a la vez en el mes, el día y la hora.

Quedan los casos en que el yin o el yang están presentes tres veces en el horóscopo, una de las cuales es el año, y peor aún, el caso en el que uno de los dos no se encuentre presente.

陰

YIN

### *3 Yin* (uno del año)

La personalidad es mucho más lunar que solar, más reactiva que activa. Si otros elementos del horóscopo no compensan este hecho, el sujeto tendrá tendencia a dejarse manipular ampliamente y a seguir al rebaño de la mayoría; aunque puede jugar un papel importante en el seno de éste.

### 4 Yin

No hay ninguna posibilidad de verle despuntar entre los demás. Es muy apagado, y si ocupa un puesto clave en su profesión, no será nunca en un puesto de responsabilidad, porque es incapaz de tomar decisiones, reflexiona demasiado y no actúa casi nunca.

陽

YANG

### 3 *Yang* (uno del año)

Activo, en continuo movimiento, corre el riesgo de pasar de lado todos los momentos interesantes que se le presentan a lo largo de su existencia, simplemente porque no tiene tiempo de observar lo que pasa a su alrededor. Pasa sin volver la cabeza, sin que le importen los demás.

### 4 Yang

En el límite de la locura permanente, el sujeto no sabe nunca con qué carta quedarse. Se contradice continuamente, yendo claramente hacia adelante, y un instante después hacia atrás. Esto es lo mismo que afirmar que no podrá nunca construir nada sólido, divirtiéndose con destruir sistemáticamente lo que acababa de edificar.

## 4.6 El secreto del mes en que nació

Del mapa de los cuatro pilares del destino, veremos cuál es el animal chino que corresponde al **mes** de nacimiento. Aquí nos referimos a él con la letra **F**, con lo que de acuerdo a la Rama Terrestre del pilar del mes, buscaremos la descripción correspondiente:

| | | | | | |
|---|---|---|---|---|---|
| 子 | RATA | 丑 | BUEY | 寅 | TIGRE |
| 卯 | CONEJO | 辰 | DRAGÓN | 巳 | SERPIENTE |
| 午 | CABALLO | 未 | CABRA | 申 | MONO |
| 酉 | GALLO | 戌 | PERRO | 亥 | CERDO |

## MES DE LA RATA

Si usted nació durante el mes de la rata, es impaciente, inteligente, rápida, elocuente, respetable y sociable; puede expresarse muy bien verbalmente; consigue la fama y el éxito con facilidad; tiene habilidad para ser líder, y es muy buena también en la dirección. Busca ser apoyada y ayuda.

Es estratégica, planea bien, calculadora a veces. Se pelea y discute sobre cosas triviales.

## MES DEL BUEY

Si usted nació durante el mes del buey, le da una personalidad diplomática, callada y artera. Tiende a poner su nariz en el plato de otro, pero le gusta también cuidar de las personas y ayudar al necesitado. Tienen muchos amigos, es ambicioso y trabaja diligentemente y con esfuerzo.

Es progresivo, agresivo y su horario está lleno de proyectos diferentes por lo que tiene que ajustar sus tiempos para tomar un apropiado descanso. Puede ser un buen diseñador muy creativo. Es franco y claro.

## MES DEL TIGRE

Si usted nació durante el mes del tigre, le gusta ayudar a los pobres y al débil, es benévolo, generoso, compasivo, cauto, cuidadoso, pero un poco nervioso.

Es el sacrificio mismo, pues tiene que experimentar frecuentemente penalidades y retrocesos a lo largo de su vida, por lo que no es fácil para usted lograr llegar al 100%. Tiene la habilidad de visión, su sexto sentido y su intuición están muy desarrollados. Es una persona que pone sus planes en acción.

## MES DEL CONEJO

Si usted nació durante el mes del conejo, es honrado y sosegado. Es sociable, modesto, y consigue el éxito rápidamente, pero con igual facilidad falla al final. Es pensativo y considerado, pero le falta un fuerte sentido de responsabilidad. Tiende a ser pasivo, inactivo y perezoso, a veces muy reservado pero ingenioso, calmado y "aguantador". Hace cosas buenas sin esperar la recompensa.

## MES DEL DRAGÓN

Si usted nació durante el mes del dragón, es una persona no convencional, con gran fuerza interna, bueno en la estrategia, sabio, generoso, liberal y diplomático. Debe ser paciente y esforzarse por conseguir sus logros. Tiene paciencia y es bueno para la comercialización de productos y para la actuación. Es usted muy glotón. A lo largo de su vida debe evitar verse envuelto en escándalos sexuales.

## MES DE LA SERPIENTE

Si usted nació durante el mes de la serpiente, es muy talentoso y versátil sobre todo para el arte. Es una persona exigente e imprevisible. Es popular entre los amigos; realmente es muy sociable, hace muchos amigos. Le gusta ayudar a las personas que son débiles y pobres, pero su personalidad de Robin Hood le hace tener enemigos. Debería controlarse, no permita los malos sentimientos, la pesadumbre y aprenda a relajarse, así tendrá un gran goce en su vida. Es enérgico, paciente y trabaja arduamente. Se mueve rápidamente.

## MES DEL CABALLO

Si usted nació durante el mes del caballo es amable, inteligente, sensato, fiel y respetable. Aunque su defecto es que no puede terminar las tareas desde el principio hasta el fin, pues tiende a dejarlo todo a medio camino. Es impaciente, ama el alcohol y el sexo.

## MES DE LA CABRA

Si usted nació durante el mes de la cabra es diestro, versátil, pensativo, esmerado y magnánimo. Es también muy terco.

No confía en las personas. Si se le dificulta trabajar bajo una determinación, avance intrépidamente, así puede realizar sus logros. Olvide las pequeñas ganancias, puede conquistar mucho dinero. No debe perder su temple, así mantiene su paz.

## MES DEL MONO

Si usted nació durante el mes del mono es caritativo, simpático, cuidadoso, pensativo, considerado, sensible, intuitivo e ingenioso.

Tiene una apariencia dura con un corazón tierno escondido dentro, trata a las personas amablemente y tiene un fuerte impulso; puede estudiar y es capaz de imitar rápidamente; no se rinda a medio camino, concluya las tareas que inicia.

## MES DEL GALLO

Si usted nació durante el mes del gallo es un escritor nato, muy bueno en la literatura. Tiene una memoria notable, inteligente y bastante creativa, es versátil. Tiene una mirada brillante, es una persona correcta con un carácter altruista y una personalidad virtuosa que le atrae popularidad en la sociedad. Ama las cosas bonitas y es un perfeccionista.

## MES DEL PERRO

Si usted nació durante el mes del perro es inteligente, ingenioso y ágil. Cuídese de ser engañado por su propia inteligencia.

El consejo es que debe hacer todo paso a paso, así funcionará todo correctamente. Debe cultivar la apacibilidad para que pueda ganar más partidarios. Puede ayudar o ser promovido por superiores. Es arrogante y presuntuoso, pero altruista y sincero. Es muy perceptivo.

## MES DEL CERDO

Si usted nació durante el mes del cerdo tiene fuerza de voluntad, es fuerte, pero malhumorado. Se complace en sus fantasías y raramente hace sus sueños realidad. Puede expresarse perfectamente. Está cerca de las religiones, es aficionado a la música, dotado para la literatura, con una buena memoria y es bastante sentimental.

# Capítulo 5

# Galería de retratos

## 6.1 El secreto del año en que nació Las 60 posibilidades básicas:

Sin poder reducir un horóscopo a los únicos datos del animal emblemático y del agente principal del año, no es menos cierto que estos dos elementos son los más importantes entre los que determinan una personalidad.

Antes de ir más lejos en los detalles, nos ha parecido útil alinear las 60 posibilidades básicas, que dan 60 caracteres diferentes. El capítulo siguiente permitirá matizar cada carácter en función de diversas circunstancias más precisas, pero esto constituye un buen punto de partida.

Como no se trata de conocer únicamente su propio carácter, uno sobre sesenta no sería muy útil, cada personalidad está presentada no solamente en función de sí misma, sino también en función de su entorno. Cómo es en realidad, y cómo la ven los demás, he ahí informaciones complementarias que le ayudarán también a comprender a aquellas personas cuyas fechas de nacimiento conoce.

Por último, usted constatará que casi todos los retratos son masculinos. Esto no se debe más que al nombre del animal emblemático y no al sexo de las personas. Todo esto concierne indiferentemente a hombres y a mujeres, los matices los dejamos para el capítulo siguiente.

Del mapa de los cuatro pilares del destino, veremos cuál es el animal chino que corresponde al año, aquí nos referimos a él con la letra C, y es la Rama Terrestre del pilar del año; luego buscaremos cuál es el elemento correspondiente al año, aquí nos referimos a él con la letra B, y es el Tronco Celeste del pilar del año. encontraremos la descripción correspondiente: Rata de agua, rata de tierra, rata de metal, rata de fuego, rata de madera, etcétera.

## RATA DE AGUA. Ren Zi
## (Ciclo 49)
### La rata que se cuida o la rata en la montaña.

La rata de agua és un ser verdaderamente mimado por la naturaleza. Es capaz de triunfar en todos los campos y de seducir a quien quiera. Su vida está llena de acontecimientos enriquecedores. Incluso de las personas que parecen insulsas y sin relieve es capaz de sacar lo esencial, es decir, lo positivo. Y además no lo dirige exclusivamente en su propio provecho, aunque debido a la fuerza de las cosas, sí que sacará cierto provecho.

¿En qué profesiones puede ser más brillante? Ante ella se despliega un amplio abanico en el sector de las relaciones públicas, e incluso en la representación comercial. Le basta aparecer para convencer, y hace maravillas en las situaciones difíciles cuando alguien se le resiste.

Su vida sentimental no será muy tranquila. Aun estando muy unida a la familia, que probablemente ha fundado hacia los veinte años, pero que piensa fue un error, no le asusta afrontar aventuras incluso simultáneas. No rechaza las ocasiones que se le presentan, y es capaz de provocarlas. Lo que no impide, repitámoslo, que se pueda llegar a obtener una gran estabilidad en su compañía, porque todo transcurre sin heridas importantes.

Finalmente, el arte le lleva sobre todo hacia la música, pudiendo convertirse en un verdadero especialista si se toma las molestias para ello. Será más bien líder que instrumentista, y eso, además, le servirá para brillar en sociedad.

## 鼠 RATA DE TIERRA. Wu Zi
## (Ciclo 25) La rata afortunada o la rata en el almacén.

La rata de tierra será un excelente banquero. Sus cualidades públicas se combinan con sus cualidades para la economía diaria, y sus clientes se verán seducidos tanto por su labia como por sus talentos gestores. De forma general, todas las profesiones que tengan relación con los negocios le convendrán. Todo lo referente al comercio será también un sector privilegiado para ella.

Este aparente materialismo no le impide complacerse con la práctica de la pintura y de la escultura, incluso del arte del tejido y del bordado. Pero todo eso como afición, porque las salidas profesionales en estas actividades no son nunca muy claras.

Se rodeará de personas que se le parezcan o bien hará que se le parezcan las que le son cercanas, pero que no ha elegido. Si resulta elegido por ella se puede tener la certeza de encontrar un gran bienestar en la vida.

Asimismo, se encuentra muy lejos de ser infiel. Teme por encima de todo las historias de amor complicadas que puedan invadir otros sectores de su existencia. Entonces, con enorme prudencia, prefiere evitarlas por completo. Por esta razón, saldrá poco, y perderá algunas ocasiones de hacer amigos, pero lo compensará gracias a su trabajo.

Su carácter es muy regular. Rara vez se sale de sus casillas, hay que provocarle mucho para conseguirlo. Se le considerará rápidamente como un modelo de compañerismo, eficaz y de humor uniforme.

## 鼠 RATA DE METAL. Geng Zi
## (Ciclo 37) Rata en la viga o la rata divertida.

La guía de la existencia de la rata de metal es un gran ideal. Puede estar cercano a una religión o ser completamente laico, poco importa –a pesar de que la primera hipótesis sea más verosímil que la segunda. Como segunda condición necesita que este ideal le ponga en contacto con numerosas personas sobre las que pueda ejercer su poder. Este poder será casi siempre inconsciente, pero muy real.

El celibato le irá como anillo al dedo, porque se plantea demasiadas cuestiones como para poder permanecer confortablemente instalado en la quietud de una pareja estable.

Mantendrá una correspondencia muy abundante, guardando así el contacto con las personas que aprecia. Lo que le permite además escribir, que es algo que le gusta mucho. Es la parte que tiene de poeta.

Su carácter es bastante uniforme, aunque más bien sombrío. Es decir, que a su alrededor se le considera como un aguafiestas insoportable. Y en eso se equivocan, únicamente ocurre que su entorno está dividido en dos: los que comparten su ideal con la rata de metal, y los demás.

Aún hay una cosa que conviene precisar: la rata de metal, para sí misma, no tiene ninguno de los reflejos sombríos que puede tener para los demás. Cuando no se encuentra bien en su pellejo, eso le gusta. Difícil de comprender para gran parte de la humanidad.

## 鼠 RATA DE FUEGO. Bing Zi

### (Ciclo 13) Rata aventurera o la rata en el sembrado.

La rata de fuego tiene en sus manos los atributos que le permiten escapar de la mayoría de las situaciones extremas a las que se verá abocada en su existencia.

Apoyándose sobre un entorno fiel y completamente ganado para sus ideas, podrá en cualquier circunstancia saltar sobre las dificultades y considerar soluciones inéditas.

Caminará por la vida sin rezagarse, quemando todo a su paso, incluso los corazones. No se tomará la molestia de perder el tiempo con viejas historias de amor, prefiere todo desde el principio al fin. Curioso personaje este a quien nadie detesta a pesar de los destrozos que realiza por todos los sitios por donde pasa. ¡Nada resiste a su encanto!

En la vida profesional triunfará en cosas importantes. Es capaz de fijarse objetivos muy precisos y de alcanzarlos por todos los medios, incluso los que no parecen muy racionales a la mayoría de los mortales, ya que la intuición de la rata juega un papel muy importante en la carrera del nativo del fuego, ambas aportaciones se completan muy bien y permiten obtener grandes éxitos.

Sin embargo, es poco probable que la rata de fuego realice una carrera regular. Experimentará retrocesos y paros en su progresión. Lo esencial es que el resultado final es ampliamente positivo.

No existe una vía verdaderamente privilegiada para ella, puede adoptar cualquiera y triunfar en todas de la misma forma. Inútil, pues, poner límite a sus ambiciones que pueden ser inmensas. Digamos que, a pesar de todo, las decepciones mayores no pueden borrarse más que gracias a la ayuda de los demás, y que, en cualquier caso, hay que conservar los lazos de amistad.

## 鼠 RATA DE MADERA. Jia Zi

### (Ciclo 1) La rata sabia o la rata en el tejado.

La rata de madera está más cerca del carácter puro de la rata. Es decir, que tiene unas cualidades evidentes y unos defectos que apenas merecen la pena hablar de ellos.

Lo más molesto es su aspecto colérico. Pero como dura poco se olvida pronto. No puede decirse que esté continuamente de mal humor, muy al contrario. Sus cualidades se aprecian enseguida.

Sin ponerse en evidencia, se encuentra en el centro de todos los lazos que unen a sus allegados. Como común denominador de los gustos de cada uno, tiene una influencia certera en el presente y en el futuro de todos, y se presenta, discretamente, como el ser indispensable del que no se puede prescindir. Esto le será muy útil en el marco de su trabajo, que elegirá preferentemente entre los oficios de las relaciones públicas, puesto que para actuar en ese campo se encuentra muy capacitado.

En amor, se fijará rápidamente, luego mariposeará sin insistir demasiado; gentil hablador, prefiere seducir por las palabras antes que por los hechos. Sus coqueteos serán numerosos, pero nunca importantes. Le gusta hacer rabiar amablemente, con cierta ternura en la voz y en la mirada, después se apartará dejando el sitio a la legitimidad.

En una palabra, no habrá gran oleaje en su vida. Mucha marejadilla, pero nada más. De hecho, no le gustan mucho los cambios, y esto puede ser un defecto en determinadas circunstancias. En su compañía, se disfrutará de algo que puede llamarse felicidad.

牛 

## BUEY DE AGUA. Gui Chou
## (Ciclo 50)
### El buey feliz o el buey ante el portón.

Algunos aspectos de su personalidad se oponen casi totalmente entre sí, y hay que esperar encontrarse con un carácter difícil de comprender, lleno de delicados matices y propenso a las contradicciones.

Una cosa es cierta, y es que el buey de agua posee cualidades incontestables que hacen de él un compañero muy agradable. En su versión masculina (influenciado por el yang), será el amigo fiel que no se calla nunca la verdad, e incluso a veces la dice de forma violenta. Nada le perturba excepto los defectos de sus amigos y le gusta tratar de influenciarles para mejorarles. En tanto que mujer (influenciada por el yin), será algo voluble, sin llegar a ser ligera. En una hábil combinación entre el placer y el interés, encontrará siempre su camino entre los demás seres, expuesta a zigzaguear un poco cuando sea necesario.

Su inteligencia es viva y capaz de realizar con rapidez los movimientos necesarios para conseguir inmediatamente lo que desea. Dicho de otra forma, el buey de agua alía la importante energía del signo con la viveza del elemento, y esta asociación da óptimos resultados profesionales.

Desgraciadamente, no hay cara de la moneda sin su reverso, y hay que hablar de aspectos menos agradables en su personalidad. Por fortuna los defectos permanecen en un plano muy discreto. Se les puede esquematizar rápidamente: el rencor es tenaz, y el amor demasiado frágil; el gusto por el dinero puede ser exagerado y, por último, cierta hipocresía aparece en determinadas actitudes.

## 牛 BUEY DE TIERRA. Xin Chou (Ciclo 38) El buey equilibrado o el buey en el camino.

El buey de tierra es el más característico de todos los nativos nacidos bajo este signo emblemático. En efecto, se encuentra en él un fuerte deseo de éxito social, y con mucha frecuencia éste se produce exactamente de la forma en que lo había previsto, ya que emplea todos los medios para conseguirlo. Las cualidades del signo le proveen de la capacidad de introducirse en los lugares más eficaces, en los puestos de mando más discretos, y las del elemento le proveen, además de la persistencia en el esfuerzo, de la tenacidad indispensable para triunfar. Desde este punto de vista estamos ante una combinación completamente privilegiada y es difícil pensar en el fracaso cuando se tienen tantas brazas en la mano. Todo puede sonreír al Buey de tierra, y principalmente las profesiones donde el dinero circula mucho: el comercio y también la banca.

Lo que hace simpático al personaje es que eso no le impide tener numerosos amigos. A decir verdad, en muchas ocasiones consigue lo que desea gracias a ellos. Pero tiene una manera tan hábil de utilizar a sus amigos que son ellos los que le darán las gracias por haberle ayudado. Por otra parte, se aprovecharán también de las consecuencias favorables, porque el Buey de tierra no es egoísta. Bien rodeado hace todo para dar gusto a los demás sin olvidar nunca sus objetivos.

Evidentemente, algunas personas muy lúcidas que comprenderán pronto su juego no podrán soportarle mucho tiempo. Y no obstante, hay que decir que si algunos llaman a eso duplicidad, para él no es más que una actitud natural, sin ninguna voluntad consciente de hacer daño.

## 牛 BUEY DE METAL. Ji Chou

### (Ciclo 26) El buey fiero o el buey en el portón.

El buey de metal da la impresión de que está en un mundo que es suyo y al que nadie que no sea él tiene acceso. Incluso, a veces, parece encontrarse parado, perdido como por error en un universo que no le conviene. Pero esa es una visión de la realidad que no manifiesta la verdad profunda de su personalidad.

Es evidente que el buey de metal sigue una vía generalmente diferente de los que le rodean. No puede negarse, pero no por ello es menos rica en acontecimientos favorables a su futuro. Sencillamente, él no tiene la misma escala de valores, y da una interpretación diferente a lo que puede ocurrirle.

De este modo, será esencial para él hacer el bien pero de manera muy discreta, sin ponerse en evidencia. Si consigue construir su existencia sobre una serie de buenas acciones sin que se llegue a saber que él es el responsable, considerará que su vida ha sido un éxito total. El dinero no tiene importancia real para él, si no es por cómo puede utilizarlo; en algunas ocasiones, en beneficio de otras personas.

Todo esto nos da un personaje extremadamente rico en cualidades y de una extrema sensibilidad. Resultará difícil reprocharle algo, a menos de no llegar a comprenderle del todo. Es únicamente en este último caso cuando encontrará cierta oposición que puede incluso llegar hasta la enemistad. Pero ese caso es bastante raro, y, fuera de ese problema de comprensión, se verá rodeado de amigos que encuentran útil ayudarle a realizar su obra.

## 牛 BUEY DE FUEGO. Ding Chou

### (Ciclo 14) El buey llamativo o el buey en el lago.

La fuerza tranquila del buey se alía con la energía infinita del fuego para dar a los nativos caracterizados por estos dos factores todas las posibilidades de triunfar en la vida. Veámoslo.

Es casi inimaginable que el buey de fuego emprenda algo que no finalice. Si se considera que los obstáculos que puede encontrar son de dos tipos, es fácil comprender cómo puede superarlos. Las dificultades unidas al mundo exterior, a otras personas o a circunstancias difíciles, serán barridas por la fuerza del fuego. El cansancio –cuando un proyecto parece no tener salida–, el aburrimiento de permanecer en un mismo trabajo, será borrado por la constancia del buey, y entonces, nada se opondrá a su éxito.

Esto es verdad en el plano profesional, pero no se limita únicamente a él. El buey de fuego tendrá una vida amorosa completa y compleja, pero muy feliz. Expliquémoslo: la vida de pareja será muy importante para él, y hará todo para preservarla, para darle una dimensión tan esencial como sea posible; pero eso no le impedirá dar salida a su energía en relaciones breves llevadas de manera paralela, sin invadir el territorio privilegiado de la pareja. Esta doble actitud no tiene nada qué ver con la duplicidad. Es una forma de vivir con naturalidad ciertas situaciones que a otras personas les acarrearían complejas contradicciones.

Satisfecho en su pellejo, dichoso de vivir, el buey de fuego reunirá a su alrededor numerosas amistades, unas veces por amistad verdadera, y otras veces por interés. Él debe discernir.

## 牛 BUEY DE MADERA. Yi Chou

### (Ciclo 2) El buey creativo o el buey en el mar.

La inteligencia del buey de madera es de un nivel excepcional, hasta un límite que da casi miedo. Nada se le escapa y todo lo comprende a velocidad sorprendente. En ese terreno resulta prácticamente imposible batirle, ya que dispone de inagotables reservas cerebrales que sabe utilizar. Es un caso muy raro, ya que la mayoría de los humanos no utilizan más que una ínfima parcela de sus posibilidades de inteligencia, dejando en reposo la mayoría de sus células grises.

Es evidente que el buey de madera podría utilizar esta ventaja para ejercer cierto poder sobre las personas que le rodean. Nada indica, por otra parte, que no lo haga, pero nunca como podría preverse. Sin dar la impresión de que lo hace, sin nunca imponer nada, llegará a convertirse en indispensable y a ocupar un puesto clave que le da cierta importancia. En una guerra sería el que, valiéndose de astucias, se dirigiría hacia los lugares estratégicos, los lugares de paso obligado, puentes, estrechos, etc. Dicho de otra forma, en todas las situaciones un poco conflictivas juega un importante papel.

Así es este personaje, que no hay que creer que en modo alguno sea peligroso. Muy al contrario, en una democracia inteligente se le entregaría el poder porque, efectivamente, es el mejor. Esto es lo mismo que decir lo mucho que se le apreciará, y cuánto éxito puede esperar tener en su existencia, sin olvidar por ello la felicidad. No será difícil acercarse a él, y un poco de la felicidad en la que vive se derramará sobre los que le rodean. No es para despreciarlo.

虎 

## TIGRE DE AGUA. Jia Yin
## (Ciclo 51)
### El tigre idealista o el tigre descansando.

En esta conjunción vienen como caídas del cielo las cualidades que se adicionan porque forman el grueso de las características del signo. Será muy difícil atraparle en delito flagrante de ignorancia. Su curiosidad le empuja a interesarse por todo, y una memoria extraordinaria le permite estar siempre a la última, incluso si se trata de un dominio al que acaba de llegar, pero del que retiene todo lo que es importante. En negocios será un adversario peligroso y un socio muy valioso, porque no deja nada al azar, y conoce perfectamente todas las fuerzas que intervienen.

A pesar de eso, es más bien introvertido y a veces olvida señalar su presencia. A causa de esta actitud reservada será algo menos brillante que lo que podría esperarse, y en el campo profesional dejará escapar ocasiones interesantes. Es buen consejero pero no toma decisiones. Debe encontrar un papel en perfecta armonía con sus capacidades y, entonces, triunfará en todo.

En privado no soporta que se le contradiga. Eso, añadido a su escaso entusiasmo por continuar las distintas relaciones, le hace un solitario que navega entre corazones rotos por su belleza y su inteligencia. Le importa poco y llegará hasta mostrarse verdaderamente colérico si piensa que se le importuna. Afortunadamente, esta cólera, por violenta que sea, es muy pasajera y la reconciliación es una etapa que llega rápidamente.

Por último, el personaje está muy lejos de ser desagradable, sin embargo, hay que poner una condición a esto: aceptarle tal y como es sin esperar cambiarle siquiera un poco.

## 虎 TIGRE DE TIERRA. Ren Yin (Ciclo 39) El tigre relajado o el tigre atravesando la selva.

Personaje complejo, el tigre de tierra tiene un objetivo principal en su existencia: el éxito profesional. Y todo hace pensar que conseguirá sus fines. Tiene el arte de fijarse objetivos razonables, no apunta ni demasiado alto ni demasiado bajo y es capaz de adecuar sus propias capacidades a las circunstancias. Se pliega a todas las obligaciones con tal de que le sean útiles, pero aparta de un manotazo todos los obstáculos. Nada puede detenerle en este sentido y a los que le conocen les interesa asociarse con él antes que tratar de contrariar sus proyectos, porque sería una pérdida de tiempo.

Curiosamente las vías de su éxito pueden dar unos rodeos que sorprenderían a otro que no fuera él. De este modo, no resultará extraño que frecuente medios artísticos habitualmente poco susceptibles de proporcionar fortunas, excepto si se tiene olfato, y por ese lado, se encuentra bien servido, lo que explica muchas cosas.

Todo esto le deja poco tiempo para su existencia personal, que transcurrirá sin historia la mayor parte del tiempo: matrimonio, niños, y una vida tranquila sin imprevistos. Porque lo inesperado en cuestión amorosa contrariaría casi siempre sus ambiciones profesionales. Hay, pues, que elegir, y para él la elección es muy rápida y muy clara. De la misma forma será fiel en amistad, porque requiere demasiada energía hacer nuevos amigos –a menos que estos puedan ser útiles a alguno de sus proyectos, en cuyo caso habría que revisar esta afirmación.

## 虎 TIGRE DE METAL. Geng Yin (Ciclo 27) El tigre teatral o el tigre descendiendo la montaña.

La verdad del tigre de metal hay que buscarla entre las dos influencias, la del signo y la del agente, porque cada una de ellas contiene verdades que le conciernen.

El tigre de metal es un ser fundamentalmente equilibrado, capaz de ayudar de manera eficaz a todos los que le rodean cuando lo necesitan. No se contenta con escuchar, que ya es mucho, sino que actúa en el mejor sentido posible para los demás. Por fuerza, debido a esta actitud, tiene muchas amistades, e incluso corre el peligro de asfixiarse un poco por sus allegados, que se van convirtiendo paulatinamente en más numerosos y más próximos. Es el precio de este tipo de éxito, pero él será el último en quejarse.

De todas maneras este modo de ser no le impedirá tener en paralelo una vida profesional activa y brillante. Sin dedicarle a ella toda su energía, es lo suficientemente lúcido para entrever las direcciones que debe tomar y las operaciones que debe efectuar.

Su tranquilidad se convertirá en legendaria en todos los círculos, y quiérase o no, será completamente indispensable. Eso le conducirá a franquear puertas que ni siquiera hubiera pensado que pudieran estar a su alcance. De esta forma se unen a él el éxito social propio del tigre y el altruismo del metal.

Al seguir esta línea de actuación tan lejos como le sea posible, se convertirá en un verdadero sabio, escuchado y respetado. Y será el único que se plantee cuestiones sobre la utilidad de su vida. Hasta el final se preguntará si ha hecho lo suficiente, incluso aunque no haya cesado de colmar a los demás.

## 虎 TIGRE DE FUEGO. Wu Yin
## (Ciclo 15) El tigre perfecto o el tigre cruzando la montaña.

El tigre de fuego aparece como el más brillante de todos. No cesa de emprender cosas, de lanzar sus fuerzas en todas las direcciones. Y en lugar de fracasar, como podría esperarse de un ser normal que dispersa sus esfuerzos, ¡todo le sale bien! Luchando en dos o tres bandos a la vez no deja de cosechar éxitos, trepando tan rápido como le es posible –y a veces con más rapidez de lo que admiten normalmente las reglas de la buena sociedad– los escalones de la fama.

¿Qué puede ocurrirle a un ser tan extraordinariamente dotado? El peligro mayor radica en que, al tener tanta confianza en su capacidad, hace cualquier cosa sin tomar ninguna precaución y, entonces, los reveses son terribles. Ya que los éxitos agrupan en torno a él a los falsos amigos, suscitan envidia y un cambio en la situación es temible en circunstancias difíciles. Precisemos, de todas formas, que no es muy fácil que llegue a ocurrirle eso. En la mayoría de los casos, incluso un fracaso generalmente considerado como irreparable, será más bien utilizado como trampolín.

Con todo esto se encuentran en él las características de un ser que tiene prisa. Prisa de triunfar, y también prisa de amar. No cuidará a los que le quieren intensamente, rechazando embarcarse en largas historias de amor. Preferirá, con mucho, quedarse en un nivel más superficial, en un contacto de piel más que de corazón. Algunos de los que están a su alrededor lo sentirán. Pero no así él, que vive su vida como le parece que debe hacerlo.

## 虎 TIGRE DE MADERA. Bing Yin
## (Ciclo 3) El tigre hermoso o el tigre en el bosque.

El tigre de madera presenta un carácter de lo más agradable. Será ante todo, y sobre todo, un marido fiel o una amorosa mujer. La vida de pareja, y después de familia, será el punto central de su existencia, y nunca dejará que nada la perturbe de manera visible. Puede contarse con su fidelidad, con su apego a los valores tradicionales, para defender en cualquier circunstancia este núcleo esencial.

Esto no le impedirá, sin embargo, ocupar un puesto importante en su trabajo, y no dejará a nadie el cuidado de tomar ciertas iniciativas, a menos que se inscriban en una línea trazada con anterioridad. Porque no es, de ninguna manera, un ser sujeto a cambios de humor que llevan consigo grandes modificaciones en sus proyectos. Se mantiene en lo que se ha decidido, y en ese marco obtiene excelentes resultados.

Es, de forma general, la regla de su existencia: necesita puntos de referencia sólidos, que si no se le dan se los fabrica a medida que los va necesitando. Detesta lo desconocido, lo oscuro. Si las cosas están claras, si sabe con precisión a dónde va, estará satisfecho de todo. Entiéndase con esto que influye mucho en la marcha de las cosas de forma que éstas se correspondan con lo que en un principio se había previsto.

Por supuesto que la rutina puede cansar a ciertas personas. Peor para ellas, porque en ese caso no están hechas para la compañía asidua del tigre de madera, que, por su parte, se acomoda muy bien a un círculo limitado pero fiel.

兔 

## CONEJO DE AGUA. Gui Mao (Ciclo 40)

### El conejo honesto o el conejo corriendo en el bosque.

Los matices aportados por el agua al caracter de base son bastante tenues, y el "tipo" conejo predomina con la tranquilidad que le caracteriza. El conejo de agua no se mostrará nunca colérico. En muy pocas ocasiones se le sacará de sus casillas, pero sólo a fuerza de contradecirle en todo. Sin embargo, en ese caso, con la prudencia discreta que le caracteriza, evitará a partir de ese momento los temas de discusión que han provocado su ira. Si, a pesar de todo, no consigue dominarse en presencia de ciertas personas, sencillamente las evitará.

Su oportunismo hará maravillas. Se da cuenta rápidamente de dónde sopla el viento, y a partir de ese momento actúa en beneficio de sus intereses. No se apartará de ellos por ninguna demanda que venga del exterior. Su propio éxito pasa por delante de los demás, y de esta forma acaba casi siempre por triunfar en todo lo que emprende, ignorando a su entorno.

Esto no le impedirá ser un compañero agradable. Es fiel, tanto en amistad como en amor, y se contenta con hacerles sufrir uno que otro eclipse cuando lo considera necesario. No hay que confundir ninguno de sus eclipses con una ruptura total. Lejos de eso, volverá siempre hacia los seres que ama y que nunca ha dejado de hacerlo.

Los que le conocen mal le juzgarán un poco severamente. Es el único "peligro" que corre en la vida social. Pero, después de todo, le importa muy poco y no lo tiene en cuenta, porque se encarga de restablecer la verdad de los hechos cuando piensa que es el momento de hacerlo.

## 兔 CONEJO DE TIERRA. Ji Mao (Ciclo 16) El conejo cordial o el conejo saliendo del bosque.

El conejo de tierra es un ser excepcional según sus propias normas, pero sobre todo es un ser muy complejo. Hay que hacer, en efecto, una diferencia clara entre el aspecto superficial y su verdad esencial. Si sólo se mira lo superficial, estaremos ante una persona un poco *esnob*, y muy vinculada a la influencia que puede tener sobre pequeños grupos, entre los que ha creado modas pasajeras dándoselas de artista. Esto irrita bastante a los que no pertenecen a esos círculos. En cambio, arañando un poco, se descubre un valor humano real –lo que, por otro lado, explica su éxito.

Esta actitud está, evidentemente, orientada hacia el triunfo social y su *esnobismo* no es más que un aspecto superficial. El triunfo financiero no es raro para estos nativos, y no hay que ir a buscar demasiado lejos la razón de ser de ciertas fortunas.

Pero la característica principal para los que le conocen bien es su calma. De una flema a toda prueba, no hay nada que le desconcierte. Es imposible sorprenderle o hacerle enfadar. En contrapartida, le falta sentido del humor, y su seriedad a toda prueba puede resultar penosa para algunos.

La complejidad de este personaje requiere tiempo para captarle en su totalidad. Por otro lado, él no hace nada para darse a conocer, y deja a los demás todo el trabajo de su descubrimiento. Esto, bien entendido, crea cierta distancia que refuerza el interés hacia su persona. Y él está, sin lugar a dudas, consciente de ello.

## 兔 CONEJO DE METAL. Xin Mao (Ciclo 28) El conejo perfeccionista o el conejo en la madriguera.

El conejo de metal es, sobre todo, muy discreto, atraviesa el mundo como un fantasma sin dejar señales visibles. Por lo que respecta a las señales invisibles, eso ya es otra cosa, y no hay que esperar la ausencia de consecuencias por su presencia, sino al contrario.

Su fuerte personalidad, aunque parezca limitada en sus manifestaciones públicas, no deja de ser por ello el reino de una actividad intelectual muy real. Como consecuencia de esto se descubrirán en este ser características muy atrayentes, tales como: amabilidad, consideración a los demás, generosidad, etc. En este abanico de cualidades, cada cual puede, naturalmente, encontrar una por la cual apreciar al conejo de metal.

En cambio, no hay que esperar de él que juegue un papel de animador, siempre dispuesto a hacer reír a los amigos. En grupo es un poco gris, y su verdadera personalidad no se despierta más que a solas con muy pocas personas. Es solamente entonces cuando da lo mejor de sí mismo, y hay que tenerlo en cuenta cuando se trata de juzgar sus actos.

Su sensibilidad es muy fina y encuentra su mejor expresión tanto en actividades artísticas como en el amor o en la amistad.

La fidelidad a los principios y a las personas será una de sus constantes, y tratará siempre de hacer feliz a su compañera en la vida, sin pensar, ni por un momento, que podría encontrar en otra parte sensaciones más fuertes o, al menos, más variadas. No es eso, en absoluto, lo que busca.

## 兔 CONEJO DE FUEGO. Ding Mao (Ciclo 4) El conejo dinámico o el conejo mirando a la luna.

El conejo de fuego tiene características a veces contradictorias, ¿corre mayores riesgos o, por el contrario, tiene menos posibilidades de peligro?

La respuesta está a medio camino entre las dos afirmaciones. Ni conejo puro, ni completamente de fuego. El conejo de fuego vacila con frecuencia ante dos elecciones difíciles, y sólo con un pequeño empujón del exterior cae en el exceso.

Si no se da esa circunstancia permanecerá prudentemente en la mitad del camino.

Los excesos pueden desembocar por un lado en una especie de vida amorfa, sin interés por nada, y por otro, en una ansia de movimiento insensata y poco eficaz. El primer caso podría presentarse después de varios fracasos sucesivos, y sería signo de una renuncia más o menos larga ante las dificultades –y la dicha– de la existencia. El segundo caso, en el lado opuesto, sería una manera de huir de las realidades, pero en el sentido contrario. Sin embargo, insistamos en esto, estas dos situaciones extremas no se darán de no mediar condicionantes externos.

En los demás momentos de su vida el conejo de fuego será muy equilibrado, capaz de recibir golpes sin pestañear, e incluso capaz de asumir los problemas de los demás, pero no demasiado. No se dejará invadir totalmente por los que quieran ayuda o consejo. Y guardará cierta distancia para, de esta forma, conservar su libertad.

De esta libertad hará un uso excelente en una existencia que carecerá probablemente de artificios y oropeles, pero que será muy eficaz, y en la realización de una vida de pareja exenta de sorpresas. En conjunto vivirá una felicidad tranquila.

## 兔 CONEJO DE MADERA. Yi Mao
## (Ciclo 52) El conejo imaginativo o el conejo Buda.

El conejo de madera actúa casi por completo como un refuerzo del caracter de base correspondiente al animal emblemático, y el conejo de madera es, pues, completamente típico, casi un modelo...

En su aspecto más relajado difícilmente puede hacerse mejor. Mira el mundo que le rodea con la condescendencia del que sabe que, de cualquier manera, nada puede alcanzarle. Está por encima de todo, y se contenta con bajar a la tierra cuando le conviene. Porque su lucidez es tal que no olvida las contingencias materiales.

Eso significa que realizará una excelente carrera profesional, pero sin dejarse invadir por ella, conservando momentos de paz para los que ama y a los que consagra buena parte de su tiempo libre. Y tiene aspecto de ser muy despegado de todo, no lo es de la amistad, que ocupa un gran lugar en su vida.

De la misma forma, la familia es uno de los valores que más le importa, con la condición de que no le impida extender sus centros de interés allí donde le apetezca en cada instante. Sin esta premisa cabría esperar problemas fundamentales que ocasionarían situaciones conflictivas.

Elegante, gusta mucho y eso le ayuda, naturalmente, en sus éxitos de todo tipo. Tiene clase en su estado puro y por ello le bastará agacharse para recoger los resultados esperados. Sin embargo, hay una cosa que puede causarle problemas: la gran confianza en sí mismo con cierta inclinación a la facilidad, incluso a la pereza. Es el único punto en el que debe desconfiar.

## DRAGÓN DE AGUA. Ren Chen
## (Ciclo 29)
### El dragón noble o el dragón en la lluvia.

El dragón de agua sigue su propia vía en el mundo. Flota en la superficie de las cosas, dándose de vez en cuando un pequeño chapuzón para verificar la temperatura ambiente, para ver si no sería mejor alejarse un poco de los problemas que se avecinan. Todo sutileza, apenas si toca la realidad pero no por ello la olvida. Simplemente trata de modificarla a su conveniencia, tomando de ella lo que le viene bien para obtener una imagen que le satisfaga.

Esto le lleva a veces a malentendidos con los que le rodean y entonces se encoleriza. Es rápido, pero bastante brusco. El único problema se plantea cuando la rabia ha pasado y es que, no sabiendo ya la razón que tenía para encolerizarse, se inventa otras nuevas y vuelve a empezar, a menos de ir desmontando el proceso con cierta suavidad, cualidad que aprecia por encima de todas y que hará caer las barreras que él mismo había levantado.

El sentimiento de ternura que hay en él no es fingido. Le gusta querer, incluso si eso le conduce con frecuencia a callejones sin salida. De los momentos difíciles se evade como por distracción, dejándolos como sin darse cuenta de ello. En esos momentos se querría tenerle cerca, pero él estará en otra cosa.

No es disparatado ver en él un dandy ligeramente desdeñoso con las contingencias materiales y sociales. Pero es tan agradable que se le perdona casi siempre ese aire altivo que se da de manera tan natural, que perturba a los demás, pero que no a él.

## 龙 DRAGÓN DE TIERRA. Wu Chen
## (Ciclo 5) El dragón excesivo o el dragón domado.

El dragón de tierra es un artista; tiene gracia evidente para manejar los elementos y talento natural. No tendrá necesidad de esforzarse para alcanzar cierto nivel de consagración. Evidentemente, en función de los diferentes casos, esta fama no sobrepasará el círculo familiar o alcanzará al mundo entero. Las artes que más le atraen son las que impone el contacto directo con la materia. Y pueden ir desde la alta costura a la escultura. Como se ve, el abanico de posibilidades es muy amplio.

No piensa mucho en el dinero, cuando lo tiene lo gasta. En eso es un poco terrenal, puesto que ignora el ahorro lento que conduce al desahogo e incluso a la fortuna en el mejor de los casos. Por su parte, se contenta con utilizar inmediatamente lo que posee, tanto para su uso propio como para agradar a los miembros de su entorno.

Esta generosidad sin límites, a la que se añade una igualdad de humor muy rara, lleva a la admiración en un primer momento, y cuando se le conoce mejor provoca la amistad. Nunca rechazará esta amistad, siempre –bien entendido– que no se comprometa con engranajes demasiado exigentes. De la misma forma el amor encontrará en él un terreno ideal para su expansión, y es un compañero más que aceptable, atento y casi perfecto.

No tratará, pues, de revolucionar el mundo influyendo a los demás con sus ideas, que prefiere guardar para sí. Pasa discretamente por el medio en que vive, dejándose admirar, pero no devolviendo esta admiración más que en contadas ocasiones.

## 龙 DRAGÓN DE METAL. Geng Chen

**(Ciclo 17) El dragón rugiente o el dragón enfadado.**

La personalidad del dragón de metal se orienta, por lo general, hacia una forma de sabiduría poco frecuente. Será pues, un ser silencioso pero inteligente, que escucha mucho y que habla poco, que ve todo sin llegar a hacer nada él mismo. Se pueden tener de él diferentes opiniones, pero la mayoría constituyen una visión falsa y parcial de su carácter, reducida a un solo aspecto, mientras que éste presenta muchas facetas.

Por ejemplo, algunos pensarán que es fundamentalmente perezoso. Es sencillamente que es más contemplativo que activo. Pero en su mente todo se agita como no ocurre con frecuencia en otros sitios.

Otros creerán que es frío, y es verdad que no da su amistad con facilidad, por no hablar de su amor. Y es solamente prudencia, porque los que se benefician de su estima se convierten rápidamente en amigos muy queridos, de los que no aceptará separarse fácilmente.

Otros, aun, imaginarán que le falta carácter, porque es prácticamente incapaz de enfadarse. Tiene el carácter de los verdaderamente fuertes, de los que no necesitan elevar la voz para hacerse oír, de los que se aprende a conocer el valor en profundidad en lugar de en superficie.

En una palabra, el dragón de metal está lleno de cualidades aparentemente pasivas, pero que nosotros llamaremos mejor reactivas, y que utiliza de la mejor forma asociando las posibilidades del momento. Se alzará progresivamente a puestos importantes, porque la justeza de sus consejos acabará por imponerse a todos los juicios negativos del tipo de los que hemos enumerado.

## 龙 DRAGÓN DE FUEGO. Bing Chen (Ciclo 53) El dragón feroz o el dragón volando al cielo.

El dragón de fuego compensa por el carácter de base atribuido al signo, ciertos aspectos excesivos del elemento y encuentra el equilibrio en el lugar donde otros se irían hacia el exceso.

En efecto, no es del tipo de los que apuntan demasiado alto. Conoce con bastante exactitud su valor para no correr ese riesgo y prefiere limitar sus ambiciones antes que encontrarse detenido en un momento dado. No duda, cuando va a tomar una decisión, en hacer una especie de retiro sobre sí mismo, con el fin de saber cuál es la mejor dirección que debe tomar en un caso preciso. Ese tiempo de reflexión puede, a veces, hacerle perder algunas oportunidades. Pero él nunca se aventurará sobre un terreno escurridizo. Esto tiene su pro y su contra, pero indudablemente es una actitud más eficaz que desdichada.

En cambio, su vida sentimental será agitada. Le será difícil encontrar su lugar, le gustará mariposear de corazón en corazón, sin llegar a comprometerse. La vida conyugal con él puede ser fatigosa, porque no estará presente más que de manera intermitente, prefiriendo con frecuencia lo desconocido a lo que es habitual. Este problema no tiene una solución real, porque él lo vive sin preocupaciones, aunque a veces llegue a hacer daño a los demás.

Sin embargo, en conjunto y para todos los que no hayan de vivir permanentemente con él –y son la gran mayoría–, será un excelente animador de grupo, aportando a la vez la energía y la reflexión necesarias para concebir las mayores esperanzas. Como líder de un grupo de cualquier tipo, como jefe de empresa o como líder político y sindical, encontrará la forma de expresar sus cualidades en múltiples ocasiones.

## 龙 DRAGÓN DE MADERA. Jia Chen

**(Ciclo 41) El dragón sociable o el dragón alegre.**

El dragón de madera es un ser atractivo, fiel y que inspira fidelidad. Puede decirse que en todos sus aspectos presenta el arte de despertar la simpatía de los que le rodean. Sin hacer nada para influirles muestra una imagen a la que, casi instantáneamente, querrán parecerse. Este curioso mimetismo en cuyo origen se encuentra él –a veces a pesar suyo– hace de su persona un jefe silencioso, de los que tienen un poder tanto más importante en cuanto que se basa sobre el respeto natural que inspira.

Tranquilo y reflexivo, no se enfadará casi nunca, y en cualquier caso, nunca sin razones poderosas. Es capaz de encajar sin protestar todas las dificultades que reserva la vida. Su flema es tal que le proporcionará una rara eficacia, susceptible de llevarle a un gran éxito profesional.

En cambio, no se dispersará en amistades diversas, prefiriendo profundizar algunas relaciones elegidas antes que dar de manera superficial algo de sí a muchas personas diferentes. Rodeado de un pequeño círculo de amigos, se consagrará a ellos cada vez que lo necesiten y no será parco en esfuerzos para ayudarlos.

En amor se dará todo esto todavía más acrecentado, y la pareja será para él una noción sagrada que defenderá contra todo y contra todos.

En pocas palabras, el dragón de madera tiene todo para hacer felices a los demás y para triunfar él mismo en la vida.

蛇 

## SERPIENTE DE AGUA. Gui Si
## (Ciclo 30)
### La serpiente conservadora
### o la serpiente entre la hierba.

La serpiente de agua es una personalidad fuerte y brillante que rechaza dejarse dominar por los acontecimientos, y prefiere siempre vivir la vida a su manera, siguiendo sus aspiraciones profundas.

Completamente orientada hacia su propio éxito, no dejará a nadie el cuidado de determinarle una carrera llena de éxitos en todos los aspectos. No cejará hasta conseguir lo que sueña, que es, en la mayoría de los casos, una situación elevada, marcada por cierta gloria, e incluso por un poco de solemnidad. Ese papel le va bien, ya que no desprecia darse importancia. Llegará así a conquistar las plazas fuertes desde las que no tiene más que dominar, dejando escapar de vez en cuando alguna afirmación que podría parecer estúpida en cualquier otra boca que no sea la suya, pero a la que siempre conseguirá darle un barniz de inteligencia.

En el amor vivirá en dos planos. Una relación muy profunda la mantendrá unida a una compañía regular, y en ese contexto encontrará plena satisfacción en el matrimonio, pero con la condición de disponer de un margen de maniobra suficiente para ir por ahí a ver lo que pasa y mariposear como desea. Gustándole agradar, seduce a todas y a todos los que encuentra, y en algunas ocasiones no le disgusta aprovecharse de esa ventaja.

En conjunto, el personaje es agradable para algunos de sus íntimos y para los que le encuentran por casualidad. A los primeros les quiere de verdad, y a los segundos no les dará tiempo de darse cuenta del juego que lleva a cabo.

## 蛇 SERPIENTE DE TIERRA. Ji Si
## (Ciclo 6) La serpiente materialista o la serpiente próspera.

La serpiente de tierra es un ser fuerte, orientado hacia la posesión y el éxito. Los mayores de éstos, los que le causarán más placer, serán los éxitos monetarios. En asuntos de negocios es capaz de triunfar mejor que nadie, y nunca se dejará impresionar por un socio o un rival. Con la cabeza fría, juzga en un instante las ventajas y los inconvenientes de su posición y encuentra inmediatamente la respuesta necesaria.

Sin embargo, no es avaro, como podría temerse. A pesar de que necesita tener una sólida reserva de dinero para sentirse seguro, no concede a esos fondos demasiada importancia. Es perfectamente capaz de tirar el dinero por la ventana cuando lo considera oportuno. Esto le permite llevar un gran tren de vida y consentir que se aprovechen de él varias personas. Éstas se lo agradecen y, lógicamente, participarán en sus éxitos futuros. Esta política de fraternidad en el éxito le es muy propia y le autoriza para llevar muy lejos sus triunfos sin provocar por ello auténticos celos.

Posesiva frente al dinero, en los límites que ya hemos definido, lo es todavía más en el amor. Celosa como no es fácil imaginarse que lo fuera, vela sin cesar sobre el que (o la que) ama. El mínimo paso en falso dará lugar a una terrible escena y vale más evitarla, porque se siente entonces herida en lo que más quiere, y como la gran egoista que es, no se preguntará siquiera qué parte de responsabilidad puede tener en la actitud del otro. Vale mucho más aceptar serle totalmente fiel.

## 蛇 SERPIENTE DE METAL. Xin Si

**(Ciclo 18) La serpiente ambiciosa o la serpiente hibernando.**

Es bastante difícil situar a la serpiente de metal en el marco habitual de nuestra sociedad. Es lo que se llama –sin duda con alguna ligereza– una "marginada". El éxito tradicional no le interesa mucho. En cambio, desarrolla una sensibilidad artística que, añadida a sus dotes para brillar en público, le permite sobresalir en el campo que haya elegido. Poeta o pintor, músico o cantante será incomprendida por el gran público, pero muy apreciada en pequeños círculos. Por último, siguiendo vías alejadas, llegará al destino de la serpiente que es éxito y gloria. Todo eso sin renegar nunca de sus tendencias de metal que le dan fuerza secreta y verdad profunda.

Este personaje es muy atractivo para los que realmente quieren aproximarse a él. Para los demás será sobre todo irritante porque, primero, no comprenden absolutamente nada de lo que hace y, luego, porque tienen la impresión de que carga las tintas para que se hable de él. Como todos los artistas, le gusta ser querido y hace un doble juego que rebaja a veces el nivel de su trabajo, pero generalmente se recupera muy deprisa.

No está verdaderamente hecha para una vida de pareja normal, a menos que encuentre la rara ave que comparta exactamente sus gustos y ambiciones. Y aun así, no se privará de deseos plurales ni al azar de encuentros casuales de los que saben apreciar lo que hace. Posee cierto sentido de la fidelidad, porque vuelve siempre, en las condiciones que ya hemos señalado.

## 蛇 SERPIENTE DE FUEGO. Ding Si

**(Ciclo 54) La serpiente valerosa o la serpiente en el estanque de los peces.**

La serpiente de fuego tiene en sus manos los atributos que le permiten evitar los peores excesos. No corre el riesgo de encontrarse desvalida, ya que es capaz de sustentarse en anteriores éxitos y desarrollar sus frutos. No invertirá nunca todo lo que posee en una sola empresa y conseguirá siempre diversificar sus actividades.

Eso no le impide llevar a buen término grandes proyectos. Se encuentra particularmente dotada desde el momento en que se trata de reunir los medios necesarios para un éxito financiero. Ambiciosa, sabe exactamente hasta dónde puede llegar y no correrá ningún riesgo superfluo, contentándose en colocar toda su energía al servicio de una orientación que sabe es particularmente rentable.

De todas maneras, una cosa es cierta: su vida entera girará en torno al trabajo y al éxito en los negocios. No prestará más que una ligera atención a los demás sectores de su existencia. ¡No tiene tiempo para ello! Son muy decepcionantes para los que quisieran retener su atención de otra manera. El amor le es casi totalmente desconocido, o por lo menos lo que rodea al amor, el tiempo pasado con el ser amado y las horas compartidas. Vuelve a casa para comer y dormir.

No se trata, pues, de un personaje fácil de dominar, puesto que sigue su propia vía sin ocuparse demasiado de los que le rodean. Hay que apreciarle por sus cualidades, sin tratar de que desarrolle otras que no posee.

## 蛇 SERPIENTE DE MADERA. Yi Si

### (Ciclo 42) La serpiente compasiva o la serpiente saliendo de su cubil.

De todos los nativos de la serpiente, el éxito financiero de la serpiente de madera será el menos brillante. Es discreta, sin que la discreción la limite. Sencillamente, no trata de exponer a la luz del día todas sus cualidades y todos sus resultados. Se contenta con disfrutar de ellos sobriamente y de utilizarlos como le parece que debe hacerlo, sin preocuparse de las apariencias más o menos halagadoras que provoca en la opinión de su entorno.

Sabe ser una compañía muy agradable, suprimiendo las distancias que pueden separar a seres diferentes. Encuentra siempre la forma de crear lazos con personas muy alejadas de ella, en particular por lo que se refiere a la consecución de los trabajos. Siempre está dispuesta a ayudar a esas personas en la medida de sus posibilidades –o mejor dicho en la medida de los medios que ha decidido poner a su disposición–, ya que no consagrará toda su vida a los demás, se quiere demasiado a sí misma para ello. Y si es verdad que la caridad bien entendida empieza siempre por uno mismo, no está muy lejos de la perfección en ese aspecto.

Tiene el aire tranquilo de alguien a quien no se le puede reprochar nada. Fiel, tanto en el amor como en la amistad, seria cuando la seriedad se impone y divertida cuando le apetece, encuentra un sitio en todos los ambientes. Sin parecerlo, sin dárselas de excepcional, aventajará a todo el mundo, pero los demás ni siquiera se darán cuenta de ello, tan natural es su manera de actuar. No es, pues, de los que suscitan demasiados celos. Para vivir felices, vivamos ocultos: ésta es poco más o menos su filosofía de la vida.

马 

## CABALLO DE AGUA. Ren Wu
## (Ciclo 19)
### El caballo diplomático o el caballo militar.

Las características del caballo se suman muy bien a las del agua. El caballo de agua atraviesa por la vida a galope, sin siquiera darse el tiempo de volverse. Corre, evidentemente, el peligro de aplastar a alguien a su paso. Pero, ¡peor para ellos! De todas maneras, ese tipo de accidentes (él lo califica de "incidente") no se producirá por maldad, sino por falta de atención, por distracción y, sobre todo, porque no tiene verdaderamente tiempo de pararse.

Por otra parte, algunos pensarán que él en realidad siempre está deteniéndose, ya que, incluso cuanto está colocado sobre una vía que parece rica en posibilidades, es frecuente verle cambiar de orientación, eligiendo la variedad antes que el éxito seguro, el riesgo antes que el confort. A veces, debido a eso, se cae. Pero se levanta rápidamente, movido por una energía que parece totalmente inagotable.

Nunca será fiel, no encuentra su felicidad más que en la multiplicación de lo que hace. Y eso vale para todos los campos, desde el amor hasta los negocios. Es conveniente, pues, ser prudente con él. No será un adversario peligroso más que en raras ocasiones, porque es incapaz de aferrarse durante mucho tiempo a una posición sólida. En cambio, no será casi nunca un socio fiable. Es demasiado fantasioso para eso, no tiene en cuenta los consejos de prudencia que se le pueden dar y no hace más que lo que le viene en gana.

Esto no impide a la persona continuar siendo atractiva, porque es muy rica en posibilidades y posee una inteligencia a toda prueba.

## 马 CABALLO DE TIERRA. Wu Wu.
## (Ciclo 55) El caballo convencional o el caballo detrás de la puerta.

Aparentemente la personalidad del caballo de tierra es compleja e incluso contradictoria. Pero sólo aparentemente.

En efecto, entre sus numerosas cualidades ocultas, porque raramente las pone en evidencia, el caballo posee el don de dominar perfectamente las posibilidades que le da el dinero. Esto no hace más que precisar su carácter terrestre, que le da muy buenos resultados. El caballo de tierra es, pues, promesa de excelentes éxitos en el plano financiero, pase lo que pase. A pesar de ello, no da sino en raras ocasiones la impresión de querer acumular siempre más dinero. Es algo que vendrá de manera natural, sin insistir. El dinero atrae al dinero, como empujado por una fuerza superior.

Relativamente estable en apariencia sufrirá algunos virajes en su existencia. No obstante, tendrá una manera suave de conducirlos y los hará completamente anodinos para su entorno, a pesar de que cambie completamente su caída. Lo más notable es que concede gran importancia a las transiciones y éstas no son demasiado bruscas.

Agradable para vivir con él, prepara a veces pequeñas trampas de las que conviene desconfiar. Viniendo de él no son con mala intención. Experimenta de manera profunda la ambivalencia entre el deseo de estabilidad sentimental y el gusto por el cambio. Si no se le da más que una vida monótona y gris, no hay ninguna duda de que acabará eligiendo el cambio. Quien vive en su compañía debe, pues, sacar las conclusiones que evidentemente se imponen.

## 马 CABALLO DE METAL. Geng Wu (Ciclo 7)
## El caballo serio o el caballo en el portal.

La personalidad del caballo de metal es incomprensible, incluso para él mismo, lo que a veces le llevará a sentirse mal en su "pellejo".

Debe encontrar el equilibrio entre sus aspiraciones personales muy inquietas y un mundo exterior cuya evolución se va realizando muy lentamente. La falla que separa al caballo de metal de su entorno, puede ir creciendo y provocar múltiples separaciones a todo lo largo de su existencia.

Es raro que ésta resulte fácil. Eso no quiere decir que haya que tenerle lástima, porque necesita de este estado de cosas para sentir que vive. Sería mucho más desgraciado si tuviera que conformarse con un relativo confort, sin problemas. Estas dificultades le dan la energía necesaria para vencer a las fuerzas que se le oponen, y acaba por encontrar su vía personal en un medio reducido, donde debe haber un clima de amistad.

Concede mucha importancia a la amistad. Tiene necesidad de ella para sostenerse y decirse a sí mismo que no se encuentra solo sobre este planeta. En cambio, tiene una idea demasiado elevada del amor como para tener la suerte de encontrarlo. Si se casa, lo hace empujado por su entorno, que espera proporcionarle así una base estable. Evidentemente se equivocan al pensar eso, y el matrimonio resulta para él un encierro insoportable.

En conjunto, se desenvolverá conforme pasa por sus problemas sin que estos le dejen huellas. Pero al multiplicarse le impedirán creer en su éxito social, el cual no tendrá nada de extraordinario. Afortunadamente le da exactamente lo mismo.

## 马 CABALLO DE FUEGO. Bing Wu (Ciclo 43)
### Caballo explosivo o el caballo en el camino.

El caballo de fuego posee una loca energía que dispersa en todas las direcciones. Es completamente incapaz de mantener una orientación constante que, por otra parte, no sería deseable, porque se debilitaría muy deprisa si renuncia a todo lo que es para él la sal de la vida.

Alineando hazaña tras hazaña, consigue sorprender siempre a su entorno decidiendo de repente lanzarse a una empresa nueva de alto riesgo y barriendo los obstáculos en un instante. A partir de ese momento nada se le resiste, porque pone en acción todo lo que necesita para conseguir sus fines. Y cuando lo ha obtenido mira hacia otra dirección.

No es de los que construyen pacientemente su obra durante toda una vida. Al contrario, se contentará con éxitos parciales, que por otra parte, no le faltarán, y sería inoportuno tenerle lástima porque hace lo que le gusta.

Poco fiel en el amor, aprecia sobre todo los placeres que proporcionan los descubrimientos nuevos. Los primeros instantes son los más dulces para él y, desde el momento en que se adentra en el confort de los hábitos, deja de sentir el encanto de la situación. La novedad tiene para él un atractivo irresistible y cede a él en todas las ocasiones.

No hay que pedirle lo imposible. Tomándole tal y como es, con la ligera vaguedad que le rodea y con la energía loca que derrocha, se pueden apreciar sus numerosas cualidades: inteligencia, bondad y ternura pasajera, sin ir a buscar lo que no existe en él. Encerrarle sería condenarle a una vida desgraciada.

## 马 CABALLO DE MADERA. Jia Wu (Ciclo 31)

### El caballo risueño o el caballo en las nubes.

En relación con el modelo original, el caballo de madera ha perdido buena parte de su fogosidad desordenada. Sabe canalizar su energía en ciertas direcciones muy precisas y no ignora que lo que le interesa es profundizar en ciertos temas, en lugar de correr en vano de un lugar a otro sin tomarse nunca el tiempo necesario para pararse.

Es muy prudente y no se lanza nunca de forma inconsiderada a ninguna empresa. Comienza por evaluar los riesgos y las ventajas, y puede renunciar a ello si los primeros son demasiado importantes o las segundas son aleatorias. Es lo que se llama un carácter "secundario", es decir, que se toma el tiempo de reflexionar antes de pasar a la acción. Dicho esto, hay que resaltar también que su potencia energética es enorme y que está lejos de ser un mediador estéril. En él la acción sigue siempre a la reflexión.

Presta mucha atención a todos los que le rodean y es capaz de escuchar y seguir sus consejos. O casi, porque hay momentos en que uno se pregunta si ha hecho algo de lo que se le ha aconsejado. En esos momentos se estima bastante como para decidir solo lo que es conveniente hacer o no, y se presta a escuchar a los que le aprecian más bien por educación y bondad de alma, siendo también capaz de complacerles siempre que le es posible.

En conjunto, parece a primera vista como un personaje bastante común, pero cuando se profundiza un poco se da uno cuenta que tiene enormes cualidades y que las utiliza lo mejor posible, sin desaprovecharlas ni volverlas contra su entorno.

## CABRA DE AGUA. Gui Wei
## (Ciclo 20)
### La cabra intuitiva o la cabra en un rebaño.

De entrada hay que decir algo que se impone como una evidencia: la cabra de agua permite un éxito excepcional, una carrera profesional del más alto nivel.

Pero todo eso sin ningún brillo, de una manera casi gris que presenta a la vez ventajas e inconvenientes. Del lado de los inconvenientes, están el que le gustaría algo más de gloria para aprovecharse de sus consecuencias, pero eso depende de usted. En cambio, del lado de las ventajas, el lento progreso natural, sin parecerlo, no corre mucho peligro de provocar claras oposiciones, y nadie querrá ponerle trabas en su carrera.

Su poder de seducción es enorme y ella actúa en todo con enorme delicadeza, como segura de su encanto y de sus cualidades. Es cierto que éstas aparecen cuando se araña un poco y ella no tiene que hacer grandes esfuerzos para ponerlas en evidencia, aunque esforzarse es algo que no le agrada demasiado.

Sus gustos la sitúan al lado del encanto y de la sobriedad. No es del género de personas que trastorne su existencia por un sí o un no. Sabe con bastante precisión a dónde va como para no necesitar cuestionarse su camino cada día. Es tan fiel a su trabajo como a sus amores, en la misma medida. No se corren muchos riesgos en su compañía, porque las sorpresas desagradables no tienen cabida en su universo. Prefiere, y con mucho, dar agradables sorpresas y multiplicarlas, antes que correr el riesgo de causar pena a un ser querido, ya que la idea de perderlo le es insoportable.

## 羊 CABRA DE TIERRA. Ji Wei (Ciclo 56) La cabra trabajadora o la cabra trepando por la montaña.

La cabra de tierra es un ser cuyas reacciones están bien definidas en todas las circunstancias de la vida. Es algo así como si todo estuviese previsto, sea lo que sea.

Lo que en primer lugar llama la atención, incluso antes de darle tiempo para abrir la boca, es su absoluta elegancia. Proyecta buen gusto tanto si está vestida para ir a una fiesta, como para trabajar en el jardín. Es siempre perfecta, se encuentra a gusto en todas las situaciones, incluso en las más incongruentes, empequeñeciendo con su innata elegancia a todos los que le rodean. Su poder de seducción es enorme y lo utiliza con habilidad, pero sin abusar.

Su papel en la sociedad será el de aportar una fuerza sutil, basada en la inteligencia. No acostumbra dar gritos ni tener estallidos coléricos; al contrario, se contenta con destilar suavemente una opinión que influye en todo el mundo. Su poder, así como suena, es también enorme, pero no se hace sentir como tal porque constituye un placer darle gusto siguiendo su vía. No obliga a hacerlo nunca a nadie, se conforma con convencer por la evidencia de la calidad de sus decisiones.

Fiel a todo lo que considera importante, no decepcionará ni a su cónyuge ni a sus colegas de trabajo. Por otra parte, no soporta que se le engañe y es en el único caso en que su ira puede aparecer. Entonces es terrible. Es mejor no provocarla.

Su carrera profesional es más que interesante. Acumula éxitos, pero sin dar la impresión de buscarlos, sino que le vienen del modo más natural del mundo y no influyen en su actitud.

## 羊 CABRA DE METAL. Xin Wei (Ciclo 8) La cabra desapasionada o la cabra próspera.

A la cabra de metal le gusta estar rodeada de un círculo de amigos que son tanto sus admiradores como sus confidentes. Este pequeño grupo donde se le escucha casi religiosamente, constituye para ella una base indispensable a partir de la cual es capaz de irradiar y emprender interesantes acciones para ella y sus allegados. No es egoísta, a pesar de que aparentemente le gusta hacerse servir con el fin de concentrar mejor toda su energía sobre las tareas que considera verdaderamente útiles, y que sin lugar a dudas lo son.

Las orientaciones artísticas le convienen especialmente. La literatura y la fotografía son los dominios donde tiene más posibilidades de brillar. Pero esas dotes pueden, naturalmente, desarrollarse en otros campos en función de cada entorno particular. Será, concretamente, muy permeable a la música, siempre y cuando su entorno familiar la predisponga para ello.

Sin embargo, no hay que esperar de ella una magnífica carrera profesional. A pesar de ser concienzuda y trabajadora, la cabra de metal no concede una importancia desmesurada al trabajo ni trata de triunfar en él a cualquier precio. Mantendrá por lo general una situación mediana, ni completamente subalterna ni de líder absoluto. Le satisfará tanto más si le deja tiempo para relacionarse con sus amigos. Estos, frente a su cónyuge, pueden manifestarse como algo invasores. El mayor riesgo que puede correr la cabra de metal en su vida conyugal, es dispersar su energía en otras direcciones y por ello olvidar su fidelidad.

## 羊 CABRA DE FUEGO. Ding Wei

**(Ciclo 44) La cabra apasionada o la cabra solitaria.**

La cabra de fuego, provista de dos elementos de base bastante mal concertados, no puede sino ser una personalidad compleja y difícilmente comprensible.

Una cosa es cierta, y es que la cabra de fuego dispone de una reserva de energía casi inagotable que no utiliza más que en el momento oportuno. No es del tipo de personas que dilapidan todas sus posibilidades en acciones que no son seguras. Prefiere, con mucho, reservarse para momentos de mayor eficacia. La realidad le dará la razón, porque con esa táctica todo lo que emprende lo realiza.

Todo, excepto quizá las cosas que suponen constancia total durante un largo periodo. Por ejemplo, el matrimonio es una prueba difícil para ella, pues al cabo de cierto tiempo, más o menos largo, pero siempre limitado, tendrá enormes deseos de cambiar de aires y de ver lo que ocurre en otra parte, buscando descubrir modos de vida diferentes que se adaptan mejor a sus ideas del momento.

De la misma forma, no puede esperarse de ella que haga una carrera única, rectilínea, en una dirección decidida de antemano y sin ningún viraje importante. Necesita, de vez en cuando, reconsiderar los aspectos fundamentales de su existencia, hallar nuevos centros de interés.

Sin embargo, no hay que tomar a la cabra de fuego por un monstruo de inconstancia. No sería exacto y puede encontrar un equilibrio completamente satisfactorio entre cierta estabilidad y una libertad de elección que reserva para los momentos decisivos.

## 羊 CABRA DE MADERA. Yi Wei
## (Ciclo 32) Cabra artística o la cabra respetable.

Con la aportación de la madera ciertas características de la cabra son llevadas a su paroxismo. Lo más importante en la personalidad de la cabra de madera será, sin duda, su capacidad para quedarse fuera de los problemas que le rodean. Eso no significa que no le conciernen, sino más bien que es capaz de mantener un frío razonamiento útil en las situaciones más delicadas. La frialdad –que forma parte de sí misma–, no hay que verla como un defecto, ya que se trata más bien de una distancia que impone ante los acontecimientos con el fin de limitar el desgaste que éstos podrían provocar en su vida si se los tomara demasiado a pecho.

En consecuencia, su vida da la impresión de desarrollarse sin el más mínimo obstáculo, de discurrir de manera natural hacia los objetivos que se ha fijado. La realidad es, naturalmente, menos sencilla. De hecho, multitud de pequeños conflictos interiores agitan perpetuamente a la cabra de madera, que está siempre tratando de saber cuál es la mejor vía que puede tomar. Afortunadamente para ella, su inteligencia es lo suficientemente viva para impedirla equivocarse con frecuencia. En la mayoría de los casos sabe dónde quiere ir ¡y va!

Sentimentalmente colmará a quien comparta su vida. Le importa demasiado la tranquilidad como para ser causa de disputas, incluso sin importancia. Prefiere ceder y multiplicar los momentos agradables. ¿Quién puede quejarse por ello? Así pues, la cabra de madera no aporta más que bienestar a los que le rodean. La felicidad le es propia y no trata de guardársela en exclusiva.

猴

## MONO DE AGUA. Ren Shen
## (Ciclo 9)
## El mono de equipo o el mono elegante.

Simplificando mucho, y siendo por lo tanto injusto, puede decirse que el mono de agua tiene un defecto casi insoportable y varias cualidades apreciables.

Es hablador... terriblemente hablador. Siempre está dispuesto a dar "lata" a todos los que le rodean y hartarlos hasta la "coronilla". Le importa poco que le escuchen o no, lo importante es que le dejen hablar.

Nunca tratará de saber si a veces debería callarse. No, no hay nada que le pueda parar en su charla y hay muchos que se quejan de ello.

Dicho esto, hay que tener el valor de escucharle, porque vale la pena. Antes de caer exhausto, se puede descubrir que dice muchas cosas interesantes. Está muy lejos de ser un necio y tiene una intuición genial que le permite prever ciertas cosas, orientar algunos actos en el sentido más favorable para todo el mundo. Y a pesar de parecer egoísta porque habla mucho de él, en realidad no lo es y no tiene miedo de compartir sus descubrimientos.

Vive de manera un poco excéntrica; no le gusta hacer lo que hace todo el mundo y prefiere dar a su existencia la marca personal decidida por sí mismo, según los gustos del momento. Desde esta perspectiva, y es una cualidad más, no existe el peligro de aburrirse ni un solo instante en su compañía.

En pocas palabras, los que le conocen bien le aprecian profundamente porque su inteligencia parece no tener límites, es muy brillante y nunca se limita a su único provecho.

## 猴 MONO DE TIERRA. Wu Shen
## (Ciclo 45) El mono resuelto o el mono solitario.

Ciertas cualidades contradictorias llevan muchas veces al mono de tierra a no saber muy bien en qué punto se encuentra de su propia existencia y no tardan en nacer dificultades más o menos graves en sus relaciones con los demás, todavía más perdidos que él.

El mono de tierra duda con frecuencia entre una actitud de máxima búsqueda de beneficios, de explotación total de sus numerosas posibilidades y otra más libre, llena de imprevistos. Generalmente esta contradicción fundamental se resolverá en un sentido favorable para su cartera, porque experimenta una atracción muy grande y casi incontrolada por todo lo que puede proporcionarle dinero, aumentar su capital y su bienestar.

A pesar de ello no es un ser frío, orientado exclusivamente hacia las preocupaciones de orden financiero. Los placeres del amor son para él el complemento indispensable de esta vida materialista, pero tiene la gran cualidad –para su pareja– de sentirse muy satisfecho con una situación estable durante largos años de vida en común. Es fiel, y fiel será, a pesar de que su posición social no cesa de proporcionarle ocasiones, pero él no se considera con "derecho de pernada", afortunadamente para sus colaboradores.

Si llega a enfadarse alguna vez no será sin haberlo pensado mucho antes. Se toma tiempo antes de estallar, y naturalmente también pasa tiempo antes de olvidar. Sus allegados harán bien en no oponerse a él de manera sistemática, porque, incluso en negocios, cede a veces a esa vena de originalidad que le caracteriza.

## 猴 MONO DE METAL. Geng Shen
## (Ciclo 57) El mono idealista o el mono en un árbol frutal.

El mono de metal, idealista y sensible, corre el peligro de resultar lastimado por todas las circunstancias de la vida. Nada le parece fácil y se siente permanentemente desvalido ante las desgracias de los demás, que aprovecha para nutrir las suyas. Conmovedor por la atención que concede a los más íntimos problemas de sus próximos y de sus menos próximos, puede, no obstante, irritar por exceso de solicitud, pareciendo que se mete en cosas que no le importan. Eso sería un error, pero su actitud no resulta siempre clara sobre ese tema, y muchos se equivocan inevitablemente.

Artista hasta la punta de los dedos, tiene todas las posibilidades de manifestarse como un personaje relativamente importante en su medio. Esto no le procurará ningún poder financiero –excepto en raras excepciones, siempre posibles–, pero sí cierto poder moral del que será capaz de no abusar. Se le admira y no lo ignora, incluso si a veces se siente solitario.

Una existencia, sin embargo, difícil de compartir con una pareja, porque lo menos que puede decirse es que la alegría no reinará entre ellos de manera permanente. Pero recogiendo su mejor aspecto es posible encontrarle encantos inagotables, con la condición de dar prueba de generosidad y de comprensión.

Hay una cosa que no podrá desmentirse a lo largo de los años: su inteligencia intuitiva, puesta al servicio de la creación individual y de la pasión por la colectividad. El mejor retrato del mono de metal será el de un ser profundamente anclado en su personalidad y distribuyendo alegremente sus dones.

## 猴 MONO DE FUEGO. Bing Shen
## (Ciclo 33) El mono llamativo o el mono trepando a la montaña.

El mono de fuego goza de posibilidades casi ilimitadas para todo lo tocante a su trabajo. Se atiza continuamente, más por juego que por necesidad, sobre nuevas direcciones sin saber muy bien el resultado que puede dar, y se apoya en su energía, en su intuición y en su buen sentido. Por último, descubre que incluso puede tener éxito en empresas con un alto factor de riesgo. Como generalmente son éstas también las más rentables, no tiene razón ninguna para quejarse. De esta forma, tendrá una vida profesional muy completa que nunca resultará aburrida.

Naturalmente, constreñido por el tiempo que requieren estas iniciativas, la vida familiar no puede resultar privilegiada. Máxime que, al ser tremendamente seductor, no resiste al placer que le proporciona el que caiga en sus brazos cualquiera que le atraiga lo suficiente. Tejiendo entonces una tela de palabras bien tupida, consigue casi siempre sus fines, pero sin la más mínima intención de prolongar una historia breve en una relación con frecuencia demasiado complicada para él. En pocas palabras, mariposeo mucho y fidelidad casi nula.

Un personaje continuamente en movimiento, que habla mucho y que no actúa menos, por lo que causará irritación a todos los que pueda hacer sombra, algo que le ocurre con gran número de personas. A pesar de los enemigos –o al menos de los adversarios– que se busca de este modo, en numerosas ocasiones parece capaz de atravesar por todo con idéntica facilidad, no dejando que nada le retenga mucho tiempo como para que le valga enemigos serios. Tal es su política y con ella le va muy bien.

## 猴 MONO DE MADERA. Jia Shen (Ciclo 21) El mono entusiasta o el mono encaramado en un árbol.

La primera característica del mono de madera es la de ser una persona de una profundidad de pensamiento casi sorprendente para un mono, habitualmente catalogado como muy superficial. Extiende sobre el mundo una mirada muy personal que le proporciona una serie de ideas que no son nunca estúpidas. Su inteligencia le lleva a reflexiones que a veces sorprenden, pero que revelan, cuando se profundiza sobre ellas, una exactitud perfecta.

Puede imaginarse con facilidad que este personaje puede ser conducido a desempeñar en la vida el papel de un líder, que no emplea la fuerza, convence y, a veces, si es necesario, obra con astucia. Cuando se dedica a la política, ésta no tiene secretos para él. Es un magnífico tribuno y las multitudes le siguen rápidamente. Puede ser también periodista influyente y hasta un hábil publicista. De manera general, hay que señalar que todos los oficios que utilizan la comunicación le convienen y que en ellos encuentra ocasión de expresar su talento.

Su vida sentimental será un poco más compleja. Fiel en apariencia (y preocupado por las apariencias), puede muy bien mantener varias aventuras sentimentales, que conseguirá no hacer nunca coincidir. No comete en este campo más errores que en otro, y sus conquistas son de auténtico buen gusto.

En conjunto, es muy brillante, cae bien y aprende rápidamente a utilizar esas dotes. Podría ser peligroso si las explotara con fines deshonestos, pero ese caso es muy raro. Lo más probable es que dé tantas satisfacciones a los demás como las que recibe él mismo.

鸡 

## GALLO DE AGUA. Gui You (Ciclo 10)

### El gallo artístico o el gallo en el gallinero.

Hay de entrada una cosa que aparece en la personalidad del gallo de agua y es que desentona con relación a otros nativos del mismo signo: tiene una imaginación desbordante, y en ese terreno es casi imposible llegar más lejos que él. Cada acontecimiento, por poco significativo que sea en sí mismo, es para él ocasión de hacer bogar su espíritu por riberas a veces lejanas. No es raro que los que le acompañan le pierdan de vista.

A todas las personas que desean permanecer con él les es necesario, a partir de ese momento, un continuo esfuerzo de adaptación, porque no espera a los que van detrás y traza su propia vía al ritmo y a la velocidad que desea.

Es un poco excéntrico y no le importa chocar, pudiendo incluso adoptar determinadas actitudes con ese fin, para sacudir a los que le rodean y demostrarles que no tiene por qué ser el que ellos pensaban que era.

Un personaje complejo e inasequible, que sin embargo se dejará convencer para el matrimonio cuando haya encontrado la rara ave que pueda soportar su carácter un poco fantástico, e incluso le anime. Siendo así, vivirá en armonía perfecta con el ser que haya elegido y nada ni nadie podrá desviarle de una vía bien anclada en la fidelidad.

De cualquier manera, seguirá encontrando placer en cierto poder de fascinación que ejerce sobre todos los que le conocen. Sin abusar de él, juega hábilmente con todas las facetas de su personalidad y seduce. Evidentemente, eso le autoriza a hacer a su gusto una espléndida carrera profesional, jalonada de grandes éxitos individuales.

### 鸡 GALLO DE TIERRA. Ji You
### (Ciclo 46) El gallo convencional o el gallo anunciando el alba.

El gallo de tierra no es nunca imprevisible, se define de una vez para siempre y muy rápidamente –normalmente desde la adolescencia– en una vía única que seguirá hasta el final de sus días. No se pueden esperar de él fantasías o sorpresas. Su sentido del orden, muy desarrollado, le dicta en cada momento lo que debe y no debe hacer, y él no se apartará fácilmente de esta línea de conducta. Esto tiene algo de tranquilizador, naturalmente, porque no abandonará nunca a los que ama. Pero, por otro lado, puede parecer frustrante, porque se aparta voluntariamente de todo lo que podría aportarle un soplo de novedad en su vida.

Hay una cosa que debe quedar clara: puede parecer frustrante para los que le observan, pero en modo alguno para él. La serenidad es su confort y actúa para no perturbar las aguas tranquilas, en las que se encuentra tan bien.

Obstinado, conseguirá sus fines, y tiene todas las posibilidades de conocer un espléndido éxito social. Sin buscar verdaderamente el hacer fortuna llegará a ello porque tiene espíritu de ahorro y sentido del valor del dinero. No dilapidará nunca ni sus bienes ni su energía, prefiriendo amontonar como una ardilla, para el caso de necesidad... e incluso si esa necesidad no se presenta nunca, no por ello actuará de otra manera.

Físicamente tiene cierta tendencia a la obesidad que podría perjudicarle. Necesitará esforzarse en hacer regímenes ligeros o practicar deportes no violentos, que no requieran grandes esfuerzos.

## 鸡 GALLO DE METAL. Xin You
## (Ciclo 58) El gallo impetuoso o el gallo enjaulado.

Si el gallo de metal es, como todo el mundo, un ser de carne y hueso, su constituyente principal es el espíritu. Un espíritu que desde lo más profundo vendrá a un primer plano. El gallo de metal desarrollará durante toda su vida una capacidad de reflexión verdaderamente excepcional.

Nada le parece prohibido, porque tiene la posibilidad de dominar todas las situaciones mediante la fuerza de su sensible inteligencia. Llega a comprender cuáles son los nudos y las redes que organizan el mundo a su alrededor, y en consecuencia, siempre encuentra su lugar.

"Ideal", he aquí una palabra que le va bien. Está guiado por un deseo muy poderoso de hacer bien, de provocar consecuencias agradables para todos. Lo menos que puede decirse de él es que no es egoísta, al contrario, no cesa de compartir todo lo que le ocurre. Su forma de sufrir las dificultades de los demás consiste en dar todo lo que puede y dar vuelta a la situación, positivamente.

El gallo de metal, es pues, un compañero muy agradable, alguien con quien se puede contar en todas las circunstancias. Nunca abandonará a un amigo o a un pariente que le necesite. A fuerza de ayudar a los demás puede llegar a perjudicarse a sí mismo. Pero no le importa en lo más mínimo, puesto que eso no es esencial para él.

¿Se le pueden encontrar defectos? No es fácil. En ciertos casos, sin embargo, puede comprenderse que trate de asentar un poder personal a través de los servicios que presta, sin que eso signifique la total anexión de los campos de actividad de los demás, sino que deja que cada cual permanezca en su terreno.

## 鸡 GALLO DE FUEGO. Ding You
## (Ciclo 34) El gallo extremo o el gallo solitario.

Al gallo de fuego, muy activo, no se le encuentra nunca en estado de reposo. No para de desarrollar ideas nuevas ni de conquistar nuevos territorios. Siempre dispuesto a salir en busca de horizontes desconocidos, no sabe lo que es el cansancio cuando se trata de lanzarse hacia nuevas empresas, aunque sean un poco locas o parezcan perdidas de antemano. Debido a que el discernimiento no es su fuerte, la mitad de las veces fallará en su propósito. Pero insiste y no aminora su entusiasmo por ello, y con razón, porque a la siguiente ocasión tiene todas las posibilidades de conseguir algo.

Para los que le rodean la situación no es que sea precisamente tranquila, muy al contrario. Quien pierda una vez el contacto con sus proyectos lo pierde para siempre, ya que no vuelve a tener la posibilidad de recuperar el retraso producido, por mínimo que sea. Además, los que le sigan alguna vez tendrán que ocuparse de salvar los restos de un naufragio, si no quieren sufrir las consecuencias.

En amor practica un doble juego: fiel e infiel al mismo tiempo, siempre en varios planos, reivindicando inconscientemente el derecho a tener cierta sal en la existencia. La mayoría de sus allegados no se darán cuenta nunca de ello, porque posee el arte de no mezclar sus placeres.

Firme e indeciso, claro y confuso, éste es el gallo de fuego, que ofrece siempre varias caras a los que tratan de comprenderle. Así, ¿cómo asombrarse de que a veces sus cualidades pasan inadvertidas? Es su destino, pero a él le va muy bien.

## 鸡 GALLO DE MADERA. Yi You

### (Ciclo 22) El gallo tranquilo o el gallo cantando.

Tranquilo y transparente, tanto que parece querer pasar desapercibido, el gallo de madera es, sin embargo, un personaje fundamental en la sociedad. Renueva continuamente su forma de pensar en lugar de permanecer en un nivel únicamente superficial, y encuentra siempre el medio de ir más lejos tanto en la teoría como en la práctica.

Es, evidentemente, alguien a quien se aprecia, máxime que hace todo sin tratar de imponerse más de la cuenta, como si fuera su deber. Por supuesto que su rendimiento es mucho mayor cuando se le encomienda de forma oficial desempeñar un papel, ya que experimenta cierta dificultad para evadirse de una función donde la imaginación no tenga lugar. Es, pues, muy conveniente darle puestos de responsabilidad, de organización. Cuando se encuentra situado en su lugar exacto dentro de la palestra profesional hace maravillas y convence a todo el mundo de lo bien fundado de sus métodos, que va imponiendo de manera lenta, sólo por la fuerza que tienen.

Su vida privada, en cambio, es muy tranquila, lo que no impide que sea rica. Efectivamente, permanece fiel a su pareja, cree profundamente en los valores familiares y no trata de apartarse de lo que se llama camino recto. Pero la intensidad de la relación amorosa, tal y como la vive, hace que ésta sea completamente indispensable y tan apetecible como si fuera doble o triple. En lugar de dispersar sus fuerzas, las concentra.

Es ésta la característica fundamental del gallo de madera: en lugar de diversificar sus actividades, cualquiera que sean éstas, en lugar de extenderlas, profundiza en ellas. Y profundiza más allá de lo que pudiera esperarse.

狗 

## PERRO DE AGUA. Ren Xu
## (Ciclo 59)
### El perro aventurero o el perro familiar.

El perro de agua da la impresión de no poder permanecer en su sitio. En público no para de hacerse notar, de imponerse por medio de opiniones pertinentes o impertinentes (con todo, las primeras son más frecuentes que las segundas). Se convierte con facilidad en el centro de interés del grupo al que pertenece, evitando, por lo general, ser inoportuno o irritante.

El único defecto que se le puede encontrar con cierta frecuencia –pero que es importante para los que no le conocen más que a medias– es la manera que tiene de descubrir lo que va mal en los asuntos de los demás. Sin tratar siquiera de conocer lo que no le importa, llega siempre a los problemas ocultos y entonces dice en voz alta lo que piensa de ello.

A pesar de que sus opiniones sobre el tema son por lo general útiles, no hay ni que decir que no siempre son bien acogidas, ya que no suele gustar que se pongan en evidencia los defectos de las acciones de cada uno.

En cierta medida, le convendría permanecer un poco más aislado, no tratar con demasiada gente. Pero eso iría en contra de todo lo que forma su vida, porque justamente lo que le gusta es la compañía. Conocer a los recién llegados es lo mejor para hacerle olvidar por unos momentos los problemas que ocupan la mayor parte del tiempo los otros sectores de su existencia.

Su vida no es muy fácil, porque cuando no tiene problemas se los crea. Afortunadamente puede salvarse de esta actitud triste gracias a las virtudes de un gran amor. En ese caso se convertirá en un compañero fiel y atento, siempre a la escucha del otro y mucho menos inclinado a volverse hacia el mundo exterior.

## 狗 PERRO DE TIERRA. Wu Xu
## (Ciclo 35) El perro serio o el perro subiendo a la montaña.

Para quien le conoce mal, el perro de tierra es un ser un poco extraño. Su primera característica, la que salta a la vista cuando se le encuentra por primera vez, es la frialdad. Tremendamente distante, soberano, domina a sus interlocutores desde la altura de todo lo que sabe y no dice, desde la altura de lo que le permite triunfar en la vida y de verse rodeado de admiradores celosos y fascinados a la vez. Juega hábilmente con este doble sentimiento que él mismo provoca y tiene el arte de burlarse al tiempo que suscita interés. No se puede permanecer indiferente ante él, cualquiera que sea la opinión que se tenga sobre su persona.

Este aspecto exterior oculta, enmascara a veces, una personalidad fuerte, centrada casi enteramente sobre su éxito social y financiero. Por este lado no corre ningún riesgo, porque sabe cómo hacer y no mueve sus peones más que cuando la jugada es segura. No conoce las dudas más que en los momentos preliminares. Cuando llega la hora de decidir, lo hace de manera tajante, sin dejar planear la más mínima duda sobre sus intenciones.

No se embarazará con problemas que puedan frenarle en su ascenso y, por lo tanto, evitará las historias de amor demasiado complicadas que podrían robarle tiempo y energía. Prefiere encontrar pronto la horma de su zapato y contentarse con lo que resulte, incluso si descubre ciertos fallos en el carácter del otro. En cambio, no dejará de hacerle a veces severos reproches, con tono afectado, muy seguro de lo que afirma.

## 鸡 PERRO DE METAL. Geng Xu

### (Ciclo 47) El perro fuerte o el perro en el templo.

Fundamentalmente pesimista, al perro de metal le parece siempre que todo va mal. No llega a captar el lado bueno de la vida y sus tendencias autodestructoras pueden conducirle en situaciones límite al borde de una cierta locura. Esta puede, sin embargo, ser el punto de partida de un auténtico genio, cualidad excepcional de la que no están dotados más que los seres hipersensibles.

Muy difícil para convivir con él, otorga una nota sombría a cada acontecimiento, influyendo así en su entorno, y como es incapaz de callarse, los demás resultan influidos tanto por lo que piensa como por su comportamiento. No es fácil soportarle y las circunstancias de la vida le llevan con frecuencia a una soledad casi total con la que se complace porque puede descubrir en ella temas de reflexión a su alcance.

Lo menos que puede decirse es que no participa en la caza del éxito, en ningún dominio. Lo encuentra demasiado insignificante; aunque no existe impedimento de que pueda, a pesar suyo y gracias únicamente a sus cualidades, conseguir algunos muy valiosos, sobre todo en dominios artísticos para los que está especialmente dotado: la literatura y el teatro, disciplinas donde puede tener mucho éxito.

Desgarrado, afligido, será, no obstante, comprendido por ciertas personas que pondrán en él grandes esperanzas. Se transformará entonces en un líder, pero que no conduce a la felicidad por los caminos más fáciles. La ruta es larga y difícil, algo que quizá resulte más atractivo para los que piensan en profundidad.

## 鸡 PERRO DE FUEGO. Bing Xu

### (Ciclo 23) El perro apasionado o el perro relajado.

El perro de fuego tendrá, con toda seguridad, grandes ansias de actuar. Pero es muy probable que con frecuencia desemboquen en sonados fracasos. Le interesará huir rápidamente de todos aquellos proyectos que le desborden, que sean demasiado ambiciosos para él, incluso aunque estén en curso. Desde el momento que toma conciencia de lo que le pueden suponer actúa como si, inconscientemente, se prohibiera a sí mismo acceder al éxito. Y entonces, naturalmente, fracasa.

Por fortuna se conoce lo suficientemente bien como para, la mayoría de las veces, evitarlo y alguna persona de las que le rodean puede ayudarle a no tomar las vías más peligrosas. Porque sabe hacerse amigos fieles, y estos le prestan servicios de este tipo, muy valiosos para él.

Vehemente en la conversación, no tiene miedo de encolerizarse por naderías, aun a riesgo de enfadarse con personas que quiere mucho. No soporta que le contradigan, puesto que está convencido de tener razón, y con mucha frecuencia está en lo cierto, lo que permite a los demás ponerse de su parte una vez demostrado lo bien fundado de sus opiniones.

No se le capta fácilmente, es como un pez dentro del agua desde el momento en que se encuentra mezclado en intrigas más o menos complejas, y cuanto más lo sean mejor le van. Lleva varias vidas al mismo tiempo, en las que a veces se diluye un poco. Pero es eso lo que compensa su pesimismo y necesita esta acción, incluso si a menudo no desemboca en resultados concretos.

## 鸡 PERRO DE MADERA. Jia Xu

**(Ciclo 11) El perro trabajador o el perro guardián.**

En apariencia, por lo menos, el perro de madera es un ser extremadamente sólido. Es como si fuera completamente redondo y no se le pudiera asir por ninguna parte. Evidentemente este caparazón que presenta es completamente artificial y la realidad es mucho más compleja.

Es un perpetuo inquieto, continuamente a la defensiva, y todo lo que le ocurre parece amenazar lo que tiene más querido. Cierto es que lo oculta muy bien, pero sus allegados, mediante pequeños indicios, son capaces de adivinar lo que va mal.

En grandes líneas esas dificultades no le conciernen nada más que a él y no trata de compartirlas con los demás, porque le parece que el mundo es ya lo bastante complicado como para añadirle el peso de sus propias preocupaciones. Así, vive más o menos bien con ellas, las soporta, le cueste lo que le cueste, y acaba por acostumbrarse a ellas como si de viejos amigos se tratara.

No es un compañero sombrío y desabrido, al contrario. En público se parapeta detrás de su educación y de sus buenas formas –que habrá podido forjarse sólo si lo ha necesitado– para ser agradable e incluso seductor. Todo eso, naturalmente, no engaña más que a los que no le conocen en profundidad, porque eso forma parte de su caparazón.

El hecho de interesar a tanta gente sin duda se debe a que deja adivinar que oculta algo, pero sin decir nada concreto. Este poder se convertirá cada vez en más real al paso de los años, porque aprenderá a utilizarlo en el momento oportuno para favorecer sus proyectos en todos los dominios. Así pues, triunfará en la vida, tal y como él la entiende.

猪 

## CERDO DE AGUA. Gui Hai
## (Ciclo 60)
### El cerdo secreto o el cerdo en el bosque.

Lo primero que atrae inmediatamente la atención en este personaje es que la espontaneidad del cerdo de agua no se para ante nada, ni ante las convenciones, ni ante las opiniones divergentes, ni, sobre todo, ante las dificultades.

Se tiene incluso, a veces, la impresión de que necesita esas dificultades y que llega a provocarlas cuando éstas no acuden a la cita con facilidad. Entonces, en situaciones donde los demás renunciarían, él encuentra una energía suplementaria para seguir avanzando en la dirección que desea.

Superactivo, le es muy difícil estarse en su sitio. No para de correr en busca de actividades nuevas. Y a veces consigue realizarlas todas a la vez. Pero en ciertas ocasiones, cuando las complicaciones empiezan a aparecer o cuando empiezan a ser monótonas, se vuelve sistemáticamente hacia otros centros de interés.

En concordancia con lo que acabamos de decir, le es muy difícil tener una verdadera vida de familia. Se reparte entre amigos y "amigotes", de forma que no le queda mucho tiempo para dedicárselo a su cónyuge. Hay que elegir. Desgraciadamente, no elige de verdad, y por una cabezonada puede muy bien comprometerse en una situación aparentemente definitiva, para algunos años más tarde descubrir que es completamente insostenible. Los que le tratan deben saber además otra cosa: es tremendamente colérico y no soporta en absoluto que se le contradiga. De una independencia feroz y total, se enfurecerá cada vez que alguien trate de oponerse a él.

## 猪 CERDO DE TIERRA. Ji Hai
## (Ciclo 36) El cerdo armonioso o el cerdo en el monasterio.

El cerdo de tierra vive rodeado de cosas hermosas y confortables. Está dispuesto a sacrificar casi todo con tal de que su casa sea un nido donde se pueda descansar cómodamente, pero también una joya rara que los demás envidien. Es muy sensible a este aspecto de la realidad y no cesa tratando de llegar a la perfección en todo lo que concierne a su entorno material. Evidentemente, al no ser la perfección de este mundo, tratará de comprar lo más caro y lo más elegante, con el riesgo de pasar por ser simplemente un *snob* y un superficial.

Eso no le impide acoger a sus amigos en su casa, con la condición de que no ensucien su alfombra de pura lana virgen. Incluso desea que le visiten con frecuencia, porque desempeñan el papel de espejo inteligente: pueden extasiarse ante sus compras más recientes.

Este objetivo, que aparece como primordial en su vida, no le deja más que poco tiempo para tener una verdadera vida social. Sin embargo, lo que cuenta para él es triunfar para poder hacer lo que quiere en su fuero interno. Triunfará, pues, por todos los medios, aun a riesgo de aplastar a algunas personas a su paso si lo necesita para "limpiar" el camino que ha decidido seguir.

En cambio, para su pareja será de una fidelidad a toda prueba. Tiene su escala de valores y no admite que sean burlados de manera gratuita. Hay que decir que, sin llegar a ser un indecente egoísta, soporta menos los defectos de los demás que los suyos propios. Y excusa estos con la elegancia que pone en cada uno de sus actos. Su compañía es, sin embargo, muy agradable, porque da a los demás la impresión de bienestar.

## 猪 CERDO DE METAL. Xin Hai (Ciclo 48) El cerdo arriesgado o el cerdo en el jardín.

Por la prudencia que manifiesta en todo lo que hace, el cerdo de metal da con frecuencia la impresión de que no hace nada, ya que antes de adelantar un peón que puede quedar enseguida inutilizado por las circunstancias de la vida, se lo piensa dos veces. En realidad lo que teme es todo lo que le pueda suceder de manera imprevista y prefiere con mucho conservar sus posiciones si no está absolutamente seguro de obtener un buen resultado. Esta actitud está muy lejos de ser estéril porque permite progresar de manera segura.

No tiene nada de colérico, pero puede mostrarse muy frío con todos aquellos cuyas actitudes le desagradan. Ajeno a todos los que son diferentes a él, adopta un aire lejano desde el momento que percibe diferencias demasiado importantes en relación con lo que él piensa.

Llevará una espléndida carrera profesional. Sin aceleraciones bruscas, con una prudencia que no autoriza al más mínimo error.

Fiel a todas las reglas de conducta que se fija muy pronto en su existencia, es también un cónyuge perfecto, que no cesa de prestar atención al otro con el fin de que no le falte nada, de que nada le desagrade. De este modo encuentra en el matrimonio una forma de realización y en él pone lo mejor de sí mismo, sin tener en cuenta la energía que necesita.

Es más intelectual que manual y un poco torpe de movimientos, pero no le faltará nunca ese algo que hace encantadores a ciertos seres. Acabará siendo un elemento muy apreciado, en lugar del genio con que soñó llegar a ser en su juventud.

## 猪 CERDO DE FUEGO. Ding Hai (Ciclo 24) El cerdo apasionado o el cerdo paseando por la montaña.

El cerdo de fuego posee atributos importantes que pueden impedirle encontrarse en una situación difícil. Da la impresión de que su energía es, hablando con propiedad, inagotable. No deja pasar día ni hora sin consagrarse a su trabajo. Se orienta hacia las actividades cuyo interés ha decidido él mismo y no conviene tratar de hacerle cambiar de opinión si está convencido de que tiene razón, se pondría furioso y sería terrible.

Puede, efectivamente, enfadarse mucho, incluso por detalles muy pequeños. Y la violencia de su carácter corre el riesgo de llevarle después a hacer algunas tonterías de las que luego se arrepentirá, pero ya demasiado tarde para poder corregirlo.

Personaje atrayente por lo que tiene de entusiasta, de apertura a todas las posibilidades nuevas que se presenten, sin embargo, tiene algo de irritante por idénticas razones. Como suele ocurrir, toda medalla tiene su reverso y las mayores cualidades son origen de los mayores defectos.

No obstante, incluso sin quererlo, se verá rodeado de una multitud de admiradores más o menos interesados. Entre éstos deberá distinguir a sus verdaderos amigos, aquellos que estarán dispuestos a ayudarle si es necesario, y los demás, que se contentarán con chuparle un poco de energía en provecho propio. No hay ni qué decir que a estos últimos debe descartarlos.

En conjunto, causará más satisfacciones a las personas que no le son muy cercanas y que por ello no sufren el auténtico huracán que constituye su energía desbordante.

## 猪 CERDO DE MADERA. Yi Hai

### (Ciclo 12) El cerdo inventivo o el cerdo paseando.

El cerdo de madera encuentra en su doble origen la ocasión de desarrollar características a veces divergentes cuyo resultado puede resultar sorprendente. En efecto, cuando se espera una personalidad bastante reposada, tranquila, emerge todo lo contrario. Es muy cascarrabias, y pasa continuamente de un extremo a otro de su humor, uniendo lo positivo y lo negativo a un ritmo completamente sorprendente.

Esto, evidentemente, hace que el personaje sea difícil de captar para quien no tiene mucha relación con él. Pero él se conoce perfectamente y no ignora sus cualidades y sus defectos, lo que le permite utilizarlos de la mejor manera para lo que trata de realizar.

Sensible e inteligente, abierto a los demás, se dirigirá probablemente hacia una profesión relacionada con la ayuda a los desfavorecidos, y en ese sector social hará maravillas, a condición de encontrarse rodeado de gente que soporte sus estados de ánimo. Siendo para él tan fácil enamorarse como aburrirse al lado de una compañía demasiado conocida, encadena una serie de encuentros y rupturas que, por supuesto, no tienen nada de tranquilizador para los o las que desean una vida más discreta, más basada en la fidelidad y en la duración. Pero es así, y es inútil tratar de hacerle cambiar. En cambio, hay algo en donde puede destacar sin causar el más mínimo problema, en el deporte. Está dispuesto a emplearse a fondo, físicamente, en la actividad deportiva que elija; con sólo poder desarrollar su alto espíritu de competición será feliz.

## Capítulo 6

# La carrera profesional

### Los negocios

Tomando el término "negocios" en su sentido más general, querríamos tratar de determinar qué posibilidades tiene cada uno de realizar una carrera profesional excelente, buena, media e incluso mediocre.

Anote en su horóscopo personal los agentes correspondientes al año. Llamémosles A, B y C, en el orden en el que se presentan.

El primer agente A, corresponde al ritmo de 60 años, el segundo B, al ritmo denario, y el tercero C, al ritmo duodenario.

En lo que concierne a los negocios, debe considerarlos en el orden: A - C - B. Es decir, que tiene simplemente que invertir los dos elementos de la Rama y del Tronco. Hecho esto, no tiene usted más que comparar el resultado con las diferentes posibilidades que siguen.

### Varios elementos semejantes

No es éste un factor de éxito, pero naturalmente hay que matizar esta afirmación en función del elemento que aparece más veces. Le interesa volver un poco atrás, en lo que concierne al equilibrio general, y aplicarlo a su vida profesional. Tenga en cuenta el hecho de que si encuentra dos veces el mismo elemento, equivale a cuatro o cinco veces para el conjunto, y si lo encuentra tres veces, caso excepcional, es equivalente a seis o siete veces para el conjunto.

| FUEGO------TIERRA------ METAL |
|---|
| TIERRA------ METAL------ AGUA |
| METAL------ AGUA------ MADERA |
| AGUA------ MADERA-----FUEGO |
| MADERA-----FUEGO------TIERRA |

Comparando estas diferentes posibilidades a la figura del principio del capítulo, puede inmediatamente constatar que se sitúa usted en la coyuntura más favorable.

Cabe esperar el desarrollo perfecto de una carrera profesional, que puede detallarse en función de cada caso:

— El fuego da la energía del punto de partida, la tierra aporta el éxito financiero, y el metal proporciona un gran entendimiento con los demás.

— La tierra supone un punto de partida favorable, completado por un buen entorno y por una energía activa.

— El metal proporciona la ocasión de dirigir un grupo, el agua prolonga el movimiento que es después llevado al máximo por el fuego.

— El agua hace pensar en la reanudación de un negocio ya bien instalado, al que se da una nueva dirección, con una inyección de fondos nuevos.

— La madera y el fuego suponen un incremento primero en extensión y en poder moral, concretado luego por la fortuna.

| FUEGO | TIERRA | MADERA |
|---|---|---|
| TIERRA | METAL | FUEGO |
| METAL | AGUA | TIERRA |
| AGUA | MADERA | METAL |
| MADERA | FUEGO | AGUA |

Compare con el gráfico. Verá que esto comienza muy bien, inscribiéndose en una relación de generación positiva, para luego desviarse sin significado importante, ni positivo ni negativo. En este caso, el principio es más importante que el final, porque el agente más importante está primero. Puede, pues, deducirse una existencia profesional muy satisfactoria. He aquí las diferentes posibilidades:

— El fuego y la tierra se alían en asuntos diversificados, pero hay que llegar hasta las conclusiones.

— El dinero aportado por la tierra servirá a muchas personas diferentes. Lo peligroso sería dilapidarlo.

— Los numerosos contactos proporcionados por el metal y profundizados por el agua conducen hacia una profesión basada en las relaciones, pero cuidado, no vayan a utilizarle demasiado.

— Una reanudación comercial parece la posibilidad más floreciente en la cuarta figura.

— Lo que se empieza bien bajo el signo de la madera y continuado por el fuego, no debe debilitarse por falta de entusiasmo.

| | | |
|---|---|---|
| TIERRA | MADERA | FUEGO |
| METAL | FUEGO | TIERRA |
| AGUA | TIERRA | METAL |
| MADERA | METAL | AGUA |
| FUEGO | AGUA | MADERA |

Los principios prometen ser difíciles, pero a continuación todo debe mejorar. Los que posean esta figura en su horóscopo deben esperar pasarlo mal hasta los 30 ó 35 años, no ser recompensados en este periodo. Pero luego, todo puede ir mucho mejor y mucho más deprisa.

— Habrá una ocasión que aprovechar, un negocio para continuar, pero por supuesto, habrá que pedir dinero prestado.

— Únicamente podrá triunfar por sus propias fuerzas, pero con la condición de no ser frenado por su entorno.

— La primera parte de su carrera debe consagrarla a establecer relaciones que le servirán más tarde.

— Cambiando completamente de profesión en la plenitud de la vida, partirá de cero hacia una carrera más fructífera.

— No queme todos los cartuchos en los diez o quince primeros años de trabajo, los necesitará más tarde.

| FUEGO | TIERRA | AGUA |
|---|---|---|
| TIERRA | METAL | MADERA |
| METAL | AGUA | FUEGO |
| AGUA | MADERA | TIERRA |
| MADERA | FUEGO | METAL |

Tendrá unos principios de carrera muy prometedores, y muchas personas corren el riesgo de colocar su confianza en usted. Desgraciadamente para todos, serán decepcionadas luego por los acontecimientos, y únicamente los consejos siguientes pueden evitarle los problemas que se anuncian.

— No le basta haber acumulado rápidamente una pequeña fortuna, inversiones inadecuadas podrían arruinarle.

— Con unos principios de carrera puestos al servicio de la comunidad puede encontrarse desprotegido en el momento de tomar un giro importante.

— Después de haber cambiado mucho de profesión, o al menos de empleo, podrá constatar que ha perdido usted todo su entusiasmo por lo que todavía le puedan proponer.

— Si no puede continuar por la buena vía que había tomado, será por falta de liquidez.

— Toda su energía no servirá de nada contra la oposición de algunas personas decididas a hacer fracasar sus proyectos.

| | | |
|---|---|---|
| FUEGO | METAL | AGUA |
| METAL | MADERA | FUEGO |
| MADERA | FUEGO | METAL |
| TIERRA | AGUA | MADERA |
| AGUA | FUEGO | TIERRA |

Lo que se anuncia desfavorable puede, casi siempre, ser modificado. El tiempo jugará en su favor, y hará mal en desanimarse demasiado pronto.

— Su entusiasmo de debutante le acarreará más de un oponente, pero usted transformará a más de un enemigo en un colaborador útil.

— Todo el mundo parece dispuesto a contrariar sus proyectos más queridos, hasta el momento en que usted haga que se tambaleen todas las normas.

— Necesitará tiempo para encontrar suficiente dinero para invertir en el trabajo de los demás. Pero lo conseguirá.

— Comenzando por hacer malos negocios, adquirirá la experiencia necesaria para luego conseguir otros muy buenos.

— Se dispersará usted inútilmente hasta que no haya comprendido que debe jugarse todo en una jugada importante, pero con la condición de prepararlo perfectamente.

| MADERA | AGUA | FUEGO |
|---|---|---|
| FUEGO | MADERA | TIERRA |
| TIERRA | FUEGO | METAL |
| METAL | TIERRA | AGUA |
| AGUA | METAL | MADERA |

Esta coyuntura no anuncia días felices. Con unos comienzos bastante mediocres, la carrera tiene pocas posibilidades de mejorar luego, y hay incluso muchos más riesgos de acumular fracasos.

Hombre prevenido vale por dos, he aquí como, en el peor de los casos, pueden desarrollarse las cosas.

— Un exceso de energía no conseguirá nunca hacerle subir al tren en marcha: usted corre tras las ideas pero ellas no le esperan.
— Por querer acumular demasiada riqueza, dejará pasar todas las ocasiones interesantes, y no ganará nada en absoluto.
— A fuerza de querer dedicarse a los demás, olvidará ocuparse de su trabajo, y el paro le amenaza.
— A menos de obtener una ayuda exterior –inesperada–, no podrá nunca pagar sus deudas.
— Cada vez que comienza un proyecto interesante, aparece alguien que le arrebata su idea.

| FUEGO | METAL | TIERRA |
|---|---|---|
| METAL | MADERA | AGUA |
| MADERA | TIERRA | FUEGO |
| TIERRA | AGUA | METAL |
| AGUA | FUEGO | MADERA |

No conseguirá nada como por arte de magia, y en este horóscopo las dificultades están mucho más presentes que las circunstancias agradables. Al menos por lo que respecta al trabajo, porque eso no excluye otros aspectos más halagüeños.

— Al querer complacer a todo el mundo, disgustará a todos y no tendrá nunca bastante dinero para realizar sus proyectos.

— Tan pronto como entre en una empresa nueva, ésta cerrará sus puertas y usted se encontrará en paro.

— No trate de invertir en ideas nuevas. No se podrán mantener el tiempo suficiente para obtener resultados.

— Se encontrará en compañía de otras muchas personas, pero en circunstancias de huelga o de falta de trabajo.

— Todo deseo de cambio de carrera se verá ahogado en estado embrionario, a pesar del aspecto positivo que tendría para usted.

| FUEGO | METAL | MADERA |
|---|---|---|
| METAL | MADERA | TIERRA |
| MADERA | TIERRA | AGUA |
| TIERRA | AGUA | FUEGO |
| AGUA | FUEGO | METAL |

Es esta la coyuntura menos favorable para una carrera profesional. Los problemas sucederán a los problemas, y habrá que ser verdaderamente muy fuerte para ir superándolos. Puede ver usted que esas cinco posibilidades se inscriben todas en la estrella negativa, y hay que tenerlo presente siempre.

— Es el entorno, incluso el lejano, quien estará en el origen de sus repetidos fracasos.

— Usted no encontrará nunca un equilibrio favorable a sus proyectos, entre lo que usted quiere obtener de los demás y lo que los demás esperan obtener de usted.

— Ahogado por lo que se le pide, está continuamente desbordado por el trabajo, incluso si no tiene gran cosa que hacer.

— Por más que se mueva no realizará nada concreto, y es fácil reprochárselo.

— Todo lo que se le ocurre decir cuando se le pide algo, es "Voy a hacerlo", pero nunca lo hace.

## Todas las demás posibilidades

Quedan un determinado número de triángulos que no han sido definidos con precisión. Si pertenece usted a uno de esos otros casos, no tiene que preocuparse demasiado: su carrera profesional será lo que usted quiera que sea, con la condición, sin embargo, de que los otros aspectos de su horóscopo no indiquen lo contrario. No hay ni qué decir que si usted está poco equilibrado, por ejemplo, eso hipotecaría seriamente sus posibilidades.

# Capítulo 7
# El porvenir

Conocer el porvenir es, evidentemente, el sueño de todos. Sueño siempre parcialmente inaccesible, pero sobre el que puede esclarecer algo la astrología. A los que tienen mucho empeño en conocer su horóscopo, en la medida de sus medios, que no son infinitos, los sabios chinos fueron los primeros en interpretarlo. Pero que eso no le impida dormir.

Para determinar en qué sentido se orientará su porvenir, hay que tomar los tres agentes correspondientes al mes de su nacimiento. Llamémosles: D-E-F, respetando la presentación en la que les ha encontrado usted.

Una vez más hay que descomponer todo. Es la ley de la vida, comenzar por establecer un orden para luego imponer otro. En este caso debe obtener: F-E-D.

En cuanto a saber lo que eso quiere decir, aquí está.

## Varios elementos semejantes

Su porvenir está tan influido por el elemento que aparece varias veces como por la repetición sistemática. Tres veces es, evidentemente, más fuerte que dos. La importancia de un agente doble o triple en el juego de su porvenir tiene su significado más o menos violento en la intensidad de su presencia.

Si su horóscopo presenta ese caso, vuelva a lo que se ha dicho unas páginas más atrás sobre su equilibrio general. Basta con trasladar esta información a su porvenir.

| | | |
|---|---|---|
| FUEGO | TIERRA | METAL |
| TIERRA | METAL | AGUA |
| METAL | AGUA | MADERA |
| AGUA | MADERA | FUEGO |
| MADERA | FUEGO | TIERRA |

Todo es felicidad, difícilmente puede sucederle algo verdaderamente desagradable. Sea lo que sea lo que ocurra en su existencia encontrará siempre el medio de olvidarlo o transformarlo en un valor positivo.

La experiencia le proporcionará los medios para mejorar su vida y la de sus allegados, y las tentativas nuevas que podría hacer en todos los dominios tienen todas las posibilidades de verse coronadas por el éxito. En pocas palabras, su vida deberá ser muy dichosa desde el principio hasta el final.

| | | |
|---|---|---|
| FUEGO | TIERRA | MADERA |
| TIERRA | METAL | FUEGO |
| METAL | AGUA | TIERRA |
| AGUA | MADERA | METAL |
| MADERA | FUEGO | AGUA |

Es frecuente que un acontecimiento agradable sea seguido por un tiempo muerto, como si usted sintiera la necesidad de respirar (¿miedo a resultar asfixiado por la felicidad?). Sin embargo, toda su existencia estará dominada por los mejores momentos, porque son los únicos que dejan rastros duraderos en su memoria.

Desconfíe, sin embargo, y no se deje llevar hacia una cierta quietud, que de hecho no sería más que el vacío. Aun en ese caso es usted muy capaz de encontrar la felicidad más perfecta en esa búsqueda del vacío, realizada entonces de forma voluntaria. ¿Por qué no?

| TIERRA | MADERA | FUEGO |
|---|---|---|
| METAL | FUEGO | TIERRA |
| AGUA | TIERRA | METAL |
| MADERA | METAL | AGUA |
| FUEGO | AGUA | MADERA |

Estos casos son poco más o menos comparables a los que preceden, con la diferencia que aquí está muy claro: es el vacío quien engendra sus momentos de felicidad más intensa. Desentendiéndose de la realidad, olvidando pensar, llega usted a una contemplación meditativa que le conduce a las cimas más altas.

Es algo así como si planeara sobre nubes inmaculadas, sin riesgo de caerse.

| | | |
|---|---|---|
| FUEGO | TIERRA | AGUA |
| TIERRA | METAL | MADERA |
| METAL | AGUA | FUEGO |
| AGUA | MADERA | TIERRA |
| MADERA | FUEGO | METAL |

Le gusta complicarse la vida, y por esta razón la felicidad es para usted algo raro de encontrar. O con más exactitud: encuentra usted con frecuencia momentos de bienestar que se parecen mucho a la felicidad, y que podrían llegar a serlo si dejara usted de torturarse, ya que a fuerza de hurgar terminará encontrando algo que no marcha y que le llevará demasiado lejos. A partir de ese instante, la caída puede llegar en cualquier momento.

| | | |
|---|---|---|
| FUEGO | METAL | AGUA |
| METAL | MADERA | FUEGO |
| MADERA | TIERRA | METAL |
| TIERRA | AGUA | MADERA |
| AGUA | FUEGO | TIERRA |

Al contrario que en los casos precedentes, conocerá usted muchos contratiempos, frente a los que otro que no fuera usted acabaría por derrumbarse, renunciando a todo lo que es su vida. En cambio, usted reacciona positivamente, y esta reacción le hace vivir con plenitud incluso los momentos más desagradables.

Por ello, dichos momentos pierden sus aspectos más penosos y no quedan en el recuerdo más que como experiencias interesantes de las que no se arrepentirá nunca.

| MADERA | AGUA | FUEGO |
|---|---|---|
| FUEGO | MADERA | TIERRA |
| TIERRA | FUEGO | METAL |
| METAL | TIERRA | AGUA |
| AGUA | METAL | MADERA |

El porvenir se presenta bastante sombrío. Incluso si de momento usted vive con una cierta serenidad, no debe dormirse, ya que, aunque todavía no haya conocido la felicidad completa, no debe hacerse ilusiones: no es evidente que algún día le tenga que tocar. Las cosas son más complicadas que eso, y la distribución de la felicidad sobre la tierra no tiene nada qué ver con el concepto humano de la justicia. Contribuya pues, para permanecer alejado de todos los peligros el mayor tiempo posible, porque le están amenazando casi permanentemente.

| FUEGO | METAL | TIERRA |
|---|---|---|
| METAL | MADERA | AGUA |
| MADERA | TIERRA | FUEGO |
| TIERRA | AGUA | METAL |
| AGUA | FUEGO | MADERA |

Lo peor ha quedado atrás. Puede empezar a abandonar las grandes inquietudes porque los años venideros deben ver mejorada su posición en todos los aspectos. Decirle que va a conocer un futuro completamente feliz y sin sombras sería engañarle. Pero es casi eso comparándolo con lo que usted ha conocido hasta ahora.

| | | |
|---|---|---|
| FUEGO | METAL | MADERA |
| METAL | MADERA | TIERRA |
| MADERA | TIERRA | AGUA |
| TIERRA | AGUA | FUEGO |
| AGUA | FUEGO | METAL |

¿Cómo podríamos decirle la verdad? En realidad, esperemos que no pertenezca usted a esta categoría y que sólo la curiosidad le haya llevado hasta aquí, a leer cosas que no le conciernen. Porque lo más suave que se puede decir, es que lo que le espera no es muy brillante. Se puede incluso afirmar que más bien todo lo contrario. Lo sentimos.

## Todas las demás posibilidades

Puede decirse que el resto de las posibilidades de asociación entre agentes son mudas respecto a su porvenir. Es decir, que el horóscopo no le impone nada y que usted es muy libre de hacer lo que le parezca. Es más bien, ¡una buena noticia! ¿no es así? Aprenda, pues, a asumir y a considerar positivamente todos los momentos de su vida presente.

## Capítulo 8

# La salud

Para conocer sus posibilidades o sus riesgos en materia de salud, necesita los agentes que se refieren al día de su nacimiento.

Vamos a llamarles: G-H-I, y démosles la vuelta: H-I-G. Después de haber hecho esto, no falta más que interpretarlos con serenidad, porque vamos a anunciarle bastantes peligros de unas cuantas enfermedades reales. Ocurre algo así como con esos terribles efectos secundarios que leemos en los prospectos de los medicamentos: que a pesar de que existen, son muy poco frecuentes.

### Varios elementos semejantes

Esta circunstancia anuncia menos fragilidad si se encuentra dos veces el mismo elemento, y mayor si se encuentra tres veces. Se recomienda una atenta vigilancia, y una revisión médica de vez en cuando no le vendrá nada mal.

En función de los elementos, ciertos órganos están más expuestos que otros. He aquí la distribución:

火 *Fuego excesivo:* usted tiene un corazón saludable, pero tiene un problema con su cara; hay normalmente algo de acné y manchas en la piel. También puede tener algo malo con sus orejas, y se dañará su pulmón e intestinos.

土 **Tierra excesiva:** en su mapa de los cuatro pilares representa la posibilidad de tener enfermedades de transmisión sexual o algunos problemas relacionados con su orina, órgano sexual o incluso problemas del cerebro.

金 ***Metal excesivo:*** significa que usted tiene un sistema pulmonar fuerte, pero tiene un problema con el sistema óseo o con sus manos; pueden dañarse los dedos o las piernas fácilmente.

水 ***Agua excesiva:*** en su mapa de los cuatro pilares significa que tiene un fuerte deseo sexual, porque el agua es su riñón y el órgano sexual. El agua también significa su cerebro, cuando viene demasiada tierra o está ya en su mapa, su cerebro se dañará.

木 ***Madera excesiva:*** significa que usted tiene un sistema óseo muy fuerte; manos, piernas y dedos bonitos, pero de seguro tiene un problema de estómago.

| | | |
|---|---|---|
| FUEGO | TIERRA | METAL |
| TIERRA | METAL | AGUA |
| METAL | AGUA | MADERA |
| AGUA | MADERA | FUEGO |
| MADERA | FUEGO | TIERRA |

Haga usted lo que haga, estará siempre en espléndida forma física. Excepto las heridas, nada puede afectarle en el caso de que sobreestime sus posibilidades. Y es que, a pesar de todo, no hay que tentar al diablo. No obstante tener un equilibrio perfecto (siempre con el peso adecuado), de estar dotado de excelentes reflejos y de una forma física poco común, la primera gripe que aparezca puede meterle en la cama. Pero no corre peligro de tener consecuencias desagradables.

| FUEGO | TIERRA | MADERA |
|---|---|---|
| TIERRA | METAL | FUEGO |
| METAL | AGUA | TIERRA |
| AGUA | MADERA | METAL |
| MADERA | FUEGO | AGUA |

No tendrá nunca razones válidas para quejarse de su salud. Y a pesar de todo lo hará, porque hay momentos en los que le parece que está menos en forma, que se encuentra un poco "débil". Es cierto, pero no debe inquietarse por ello. Se trata de momentos debidos a las posiciones de la Luna, pero no duran nunca mucho tiempo. Además, si tiene usted el ánimo de practicar un deporte con regularidad, reducirá esos momentos a la más mínima expresión.

| TIERRA | MADERA | FUEGO |
|---|---|---|
| METAL | FUEGO | TIERRA |
| AGUA | TIERRA | METAL |
| MADERA | METAL | AGUA |
| FUEGO | AGUA | MADERA |

No padece nunca de nada concreto pero consulta con frecuencia al médico porque cree estar enfermo. ¡Enfermo imaginario! Naturalmente que puede hacerse una herida o sucumbir durante unos días a una epidemia, o también, si se compara con otros, quizá se encuentre "achacoso". No es así, es cierto que no tiene usted una constitución muy robusta, pero pasa usted por todos los problemas sin quedarle ninguna secuela. ¡Ya es bastante!

| FUEGO | TIERRA | AGUA |
|---|---|---|
| TIERRA | METAL | MADERA |
| METAL | AGUA | FUEGO |
| AGUA | MADERA | TIERRA |
| MADERA | FUEGO | METAL |

Hay altibajos. Nada excesivamente alto, pero tampoco nada verdaderamente bajo. En resumen, se beneficia de una buena medida, a pesar de las pequeñas "puyas" que le hacen a veces ser algo frágil pero que no llegan a quitarle el buen humor. Al ser éste una de las armas más eficaces que haya habido nunca para luchar contra la enfermedad, ésta no podrá resistir durante mucho tiempo a ese buen humor suyo, y pronto estará usted en pie.

| FUEGO | METAL | AGUA |
|---|---|---|
| METAL | MADERA | FUEGO |
| MADERA | TIERRA | METAL |
| TIERRA | AGUA | MADERA |
| AGUA | FUEGO | TIERRA |

En este caso puede decirse que es usted bastante débil. Le es muy difícil escapar a las epidemias que pasan a su lado, a no ser que se encuentre en excelente forma en ese momento. Dicho de otra forma, sería muy conveniente que se cuidara de manera preventiva. La acupuntura y la homeopatía pueden ser complementos eficaces de una vida muy sana, sobre todo en el terreno de la alimentación y del sueño. Si cuida este aspecto no tiene por qué preocuparse.

| | | |
|---|---|---|
| MADERA | AGUA | FUEGO |
| FUEGO | MADERA | TIERRA |
| TIERRA | FUEGO | METAL |
| METAL | TIERRA | AGUA |
| AGUA | METAL | MADERA |

Por lo general tiende más a la enfermedad que a la buena salud, pero no resulta inútil precisar esto: primero, es evidente que la mayor parte del tiempo no estará usted enfermo. Pero, ¿puede decirse por ello que tiene buena salud? Con frecuencia da la impresión que está predispuesto a enfermarse, preparado para acoger con los brazos abiertos a todos los gérmenes infecciosos. Empiece por evitar la compañía de personas enfermas y con ello habrá dado ya un buen paso hacia adelante. Por lo demás, cuídese a la primera alerta y todo irá bien.

| | | |
|---|---|---|
| FUEGO | METAL | TIERRA |
| METAL | MADERA | AGUA |
| MADERA | TIERRA | FUEGO |
| TIERRA | AGUA | METAL |
| AGUA | FUEGO | MADERA |

Las enfermedades van siempre unidas a un periodo de convalecencia. Aprovéchelos. Puede, naturalmente, igual que el común de los mortales, considerarlo como una pérdida de tiempo.

En su lugar, aproveche para ponerse a leer, para aprender cosas nuevas, para reflexionar sobre sí mismo y sobre su entorno. En pocas palabras, no pierde nada, e incluso si no es muy agradable para usted estar enfermo con frecuencia, puede de ese modo convertirlo en una buena suerte.

| FUEGO ----- METAL ----- MADERA |
|---|
| METAL ----- MADERA ---- TIERRA |
| MADERA ---- TIERRA ----- AGUA |
| TIERRA ----- AGUA ------FUEGO |
| AGUA ------FUEGO ----- METAL |

Su tendencia principal desde el punto de vista de la salud es, sin discusión posible, ponerse enfermo. Cabe preguntarse si a veces no lo busca usted mismo. En cualquier caso, desde el momento que tiene un ligero malestar, trata con tanto ahínco de cuidarse que le falta poco para... ¡envenenarse! Son impulsos contra los que no puede hacer gran cosa.

## Las demás Posibilidades

Si no hemos presentado su caso, no ha sido por olvido: sencillamente es que usted se sitúa entre la media de los humanos, y no hay ninguna razón para preocuparse. No es usted ni un gigante de las montañas, ni un enano achacoso, es simplemente una persona muy normal, que tendrá sus momentos de salud plena y ocasiones de lucha para reestablecer su equilibrio.

[illegible]

| FUEGO | METAL | MADERA |
|---|---|---|
| MADERA | MADERA | TIERRA |
| METAL | [illegible] | AGUA |
| TIERRA | AGUA | FUEGO |
| AGUA | FUEGO | METAL |

[illegible]

[illegible]

## Capítulo 9

# La suerte

En el campo de la suerte hay que considerar dos factores: primero, tener en cuenta si es usted un ser que, por regla general, tiene suerte, y luego, conocer en qué días se manifiesta esta suerte con más fuerza.

Para saber si ha nacido usted con buena estrella, hay que utilizar dos agentes: el tercer agente del año y el primero del día del nacimiento. Volviendo a tomar las letras que ya hemos utilizado (es decir, A-B-C para el año, y G-H-l para el día, retendremos **C y G**).

A partir de ahí se presentan varias posibilidades.

Los agentes son los mismos.

Evidentemente todo depende de la naturaleza del agente:

火 *Fuego:* la suerte funciona por impulsos, como en los sorteos de la lotería cuando se pueden elegir los números.

土 *Tierra:* puede provocar la suerte; será preciso que en el punto de partida haya ya una cantidad importante.

金 *Metal:* es en los asuntos comunes donde aparecerán los éxitos más importantes. Hay que pensar en el "rebote".

水 *Agua*: discretamente, poco a poquito, hay posibilidades de que lentamente vaya creciendo una suma que era mínima al principio, no hay que jugar todo a la una vez.

木 *Madera*: partiendo de nada puede llegar a asaltar un banco, pero solamente algunos días muy favorables.

## La relación entre agentes es positiva

Son los casos:

FUEGO – TIERRA
TIERRA – METAL
METAL– AGUA
AGUA – MADERA
MADERA - FUEGO

Semejante horóscopo presenta un factor suerte muy importante que puede explotarse casi permanentemente. El nativo que presente estas características ganará por lo general en el juego, cualquiera que sea el que realice. Más o menos prudente, más o menos audaz, los resultados serán de todas maneras a medida de sus esperanzas.

## La relación entre agentes es negativa

He aquí la lista de casos:

FUEGO - METAL
METAL - MADERA
MADERA - TIERRA
TIERRA - AGUA
AGUA - FUEGO

Es exactamente el inverso de los casos precedentes. Es decir, que tal horóscopo lleva a la mala suerte, y que una persona ataviada con tales signos de desventura no debe nunca esperar ganar en el juego.

## La relación entre agentes es neutra

Se trata del resto de los casos en los que únicamente el ciclo de las 28 constelaciones puede jugar un papel más favorable para la suerte que otros, en función de las relaciones entre la fecha de nacimiento y la fecha del día.

# Capítulo 10
# El amor

Las relaciones amorosas constituyen sin duda una de las partes más importantes de la vida del ser humano. En la "galería de retratos" desarrollada en la lección 6 hemos hecho ya alusión a la forma como cada uno enfoca su vida amorosa. Pero es esa una visión de sentido único y no es precisamente solo como se vive un gran Amor. Hay que saber cuáles son los compañeros posibles.

Para eso, hay que tener en cuenta dos elementos, e incluso, tres.

El principal es el animal emblemático del año, y el segundo es el agente principal también del año. Esta es la razón por la que partiendo de esos dos elementos hemos construido la "galería de retratos", pensando que después nos gustaría volver a ella en función de las posibilidades de la vida amorosa.

Hay que matizar esos dos elementos con el animal emblemático de la hora, que puede repetir el del año y a veces incluso reemplazarlo completamente.

En las páginas que siguen hemos intentado proceder de la manera más sencilla: todas las relaciones posibles vienen dadas por dos tablas, por un lado entre los animales emblemáticos y por otro entre los agentes. Hay que tomar ambos con un espíritu lo bastante amplio como para saber que esta verdad no es nunca perfecta, y que hay que confrontarla sobre el terreno de la realidad, ya que requiere factores mucho más complejos y necesita todos los aspectos del mapa de cuatro pilares del destino.

| | Rata | Buey | Tigre | Conejo | Dragón | Serpiente | Caballo | Cabra | Mono | Gallo | Perro | Cerdo |
|---|---|---|---|---|---|---|---|---|---|---|---|---|
| **Rata** | triste | inseguro | incierto | no | ¡sí! | quizá | ¡horror! | nunca | regular | ¡puf...! | sin interés | a falta de pan |
| **Buey** | inseguro | raro | evitar | a ver | inmediata-mente! | regular | regular | por una vez vale | engañoso | perfecto | dudoso | poco frecuente |
| **Tigre** | incierto | evitar | imposible | descon-fianza | excelente | trivial | atractivo | ¿por qué no? | arriesgado | difícil | acuerdo | desacon-sejado |
| **Conejo** | no | a veces | descon-fianza | zalamero | conflictos | nulo | sorprende | muy bien | hostil | sombrío | excitante | intereses comunes |
| **Dragón** | ¡sí! | a ver | excelente | conflictos | tierno | seductor | neutro | brusco | posesión | amor | nada compartido | entus-iasmo |
| **Serpiente** | quizá | inmediata-mente | trivial | nulo | seductor | ausente | juegos | un verano | altibajos | felicidad | cansado | depri-mente |
| **Caballo** | ¡horror! | regular | atractivo | sorprende | neutro | juegos | irreal | cómplice | elaborado | claroscuro | caluroso | asexuado |
| **Cabra** | nunca | por una vez vale | ¿por qué no? | muy bien | brusco | un verano | cómplice | natural | un sueño | agotador | irritante | inestable |
| **Mono** | regular | engañoso | arriesgado | hostil | posesión | altibajos | elaborado | un sueño | inacabado | exótico | estancado | reñido |
| **Gallo** | ¡puf...! | perfecto | difícil | sombrío | amor | felicidad | claroscuro | agotador | exótico | molesto | torturado | indiferente |
| **Perro** | sin interés | dudoso | acuerdo | excitante | nada compartido | cansado | caluroso | irritante | estancado | torturado | incon-gruente | bárbaro |
| **Cerdo** | a falta de pan | poco frecuente | desaconse-jado | intereses comunes | entusiasmo | depri-mente | asexuado | inestable | reñido | indiferente | bárbaro | extraño |

| | Agua | Tierra | Metal | Fuego | Madera |
|---|---|---|---|---|---|
| **Agua** | incerti-dumbre | nefasto | próspero | celos | difícil |
| **Tierra** | nefasto | armonioso | afortunado | ternura | bastante bueno |
| **Metal** | próspero | afortunado | peligroso | opuesto | viajes |
| **Fuego** | celos | ternura | opuesto | violencia | dicha |
| **Madera** | difícil | bastante bueno | viajes | dicha | disputas |

## Capítulo 11

# Ejemplo completo de interpretación

Con la idea de verificar si hemos hecho bien el recorrido de los elementos que pueden darnos alguna información sobre determinada personalidad, y con la idea igualmente de enseñarle a usted cómo funciona todo eso una vez que se ha unido, tomemos el ejemplo que ya hemos utilizado para establecer el horóscopo.

Se trata de una persona nacida el 18 de noviembre de 1936, a las 17h 35, cuyo horóscopo contiene los siguientes elementos.

| ESENCIA | 金<br>METAL<br>YANG | 木<br>MADERA<br>YIN | 水<br>AGUA<br>YANG |
|---|---|---|---|
| **HORA** | **DIA** | **MES** | **AÑO** |
| 癸 Gui | 甲 Jia | 己 Ji | 丙 Bing |
| Agua– | Madera+ | Tierra– | Fuego+ |
| 酉 You<br>Gallo | 戌 Xu<br>Perro | 亥 Hai<br>Cerdo | 子 Zi<br>Rata |
| Metal– | Tierra+ | Agua– | Agua+ |

En la galería de retratos tenemos una descripción somera de la rata de agua: persona muy atrayente, con gran potencial de posibilidades, un poco artista, pero bastante voluble en el plano sentimental.

Veamos cuál es su *equilibrio general.*

Todos los agentes se encuentran presentes en su horóscopo, lo que es un factor totalmente positivo; sin embargo, el agua se encuentra cuatro veces. Es mucho, y hay que tenerlo en cuenta. Su personalidad será, pues, víctima de tendencias suicidas simbólicas, es decir, que puede a veces hacerse fracasar a sí mismo.

El horóscopo presenta tres yin y un solo yang, pero este corresponde al año y compensa con creces el déficit de número. El carácter es pues simplemente un poco más yin que yang. El sujeto será más reactivo que activo, y más femenino que viril. Pero todo sin excesos.

En su *carrera profesional,* la presencia de dos agentes agua parece confirmar y precisar lo que decíamos más arriba de sus tendencias suicidas. Es en su carrera donde se marcarán más estas tendencias. Con frecuencia tendrá tentaciones de cortar la rama sobre la que se encuentra sentado, ya sea liquidando la empresa próspera de la que se está ocupando, o cambiando de trabajo en el momento en que todo le sonríe.

En lo que concierne a su *porvenir* obtenemos una sucesión de agentes: agua-tierra-madera, correspondientes al mes de nacimiento y colocados en el orden pedido. Esta combinación no ofrece ningún carácter particular, y hay que tener en cuenta una vez más lo que sabemos hasta ahora.

En el aspecto de la *salud,* los agentes están en el orden solicitado: agua-madera-metal, lo que es muy interesante. La salud es buena, a pesar de que la influencia de la luna produzca a veces pequeños malestares. Nada grave, y puede considerarse de una vez por todas que los impulsos de muerte puestos en evidencia (discretamente) por la presencia del agua no afectan a su integridad física.

¿Tiene suerte? Los agentes para ese sector son: agua-metal, que es una relación neutra.

En *amor* sabemos ya que con toda seguridad andará mariposeando, a pesar de los lazos definitivos que le unen a su pareja. Falta por saber quién debe ser esa pareja para que la felicidad no falte a la cita. La tabla nos indica que las relaciones más interesantes para la rata tienen lugar con el dragón, eventualmente podría ser con el mono, pero que el gallo (el animal emblemático de la hora) encuentra también su felicidad junto al buey, el dragón o la serpiente. Se puede de esta forma establecer una jerarquía en la que se encontrará a la cabeza el dragón con mucha diferencia, seguido del mono (el año domina a la hora), y luego de la serpiente y del buey. Falta por saber qué agente es el mejor. La tabla siguiente indica claramente que el metal es la mejor posibilidad. Por lo tanto, con un dragón de metal esta rata de agua sería feliz.

He aquí el retrato completo, matizado, que se obtiene después de haber dado la vuelta a todos los aspectos del horóscopo. Como puede verse, estamos muy lejos de la simplificación de un signo único.

No le queda sino realizar el mismo trabajo con su fecha de nacimiento, y luego, si le apetece, podrá usted utilizar esta guía para establecer e interpretar el horóscopo de cualquier persona que acepte decirle su fecha de nacimiento.

¡A practicar se ha dicho!

## Capítulo 12

# Guía práctica para facilitar el cálculo de los cuatro pilares

¿Quieres elaborar tus propios cuatro pilares del destino?....

### Pasos completos del cálculo de los cuatro pilares del destino:

¿Cuáles son los cuatro pilares para una persona que nació el__________________________________?

### Cálculo del pilar del día:

Paso 1: Vea en la **Tabla B** para el año 19____ = ______

Paso 2: Vea en la **Tabla C** para el mes de ____________ = ____

Paso 3: Tome la fecha del día y reste 1, así: _____ – 1 = _____

Paso 4: ¿Es un año bisiesto? Regrese a la **Tabla B**, ubique si el año _______ contiene (*) asterisco, en este caso SÍ o NO contiene asterisco, por lo tanto sí o no se agrega. Queda = ________ (1 ó 0)

Paso 5: Sume los resultados de los pasos del 1 al 4, así:

_____ + _____ + _____ + _____ = ________

Paso 6: reduzca 60 ó 120 para llegar al número 60 o menos. Así:

_______ – _______ = _________

Paso 7: Use la **Tabla A** para ver el Tronco y la Rama que representa el número del ciclo ____________: ahí usted verá, el ____________________. (Se trata del número encontrado en el paso 6)

Por lo tanto, el pilar del día para el ____________________ es el ____________________ y éste se relaciona sólo con el ____________________.

Colocar en la Tabla del día los valores de Tronco y Rama encontrados:

| HORA | DÍA | MES | AÑO |
|---|---|---|---|
| | | | |
| | | | |
| | | | |
| | | | |

## Cálculo del pilar del año:

Paso 1: La fecha de nacimiento: ____________________

¿es antes o después de la celebración del Li Chun? (lo indica la

**Tabla D**, con (*) asterisco nos señala que cayó el 4 de febrero) así que busque ________.

Paso 2: Vea la **Tabla D** y localice el año ________= ________

Paso 3: Vea la **Tabla A** y ubique el número de secuencia encontrado en el paso 2, ________ = ________________________.

Esto significa que el pilar del año para el año ________ es el ________________. Puesto que el signo animal ________ es – yin o yang– , éste sólo se relaciona con el ____________.

Colocar en la Tabla siguiente los datos de Tronco y Rama correspondientes al día y al año:

| HORA | DÍA | MES | AÑO |
|---|---|---|---|
| | | | |
| | | | |
| | | | |
| | | | |

## Cálculo del pilar del mes:

A. Determinar la Rama Terrestre del mes:

Paso 1: La fecha de nacimiento: ________________________

está –¿antes ó después?– del día: _____ y el día: _____ del mes de: ________________.

(**Tabla E**, primera columna) así que se usa el mes de ___________
_______________.

Paso 2: Vea la **Tabla E** y localice _________________ = Rama:
_______________.

Esto significa que la Rama Terrestre del pilar del mes para la fecha de nacimiento de: ______________________________ es
_______________________.

B. Determinar el Tronco Celeste del mes:

Paso 1: Busque el año de nacimiento: ___________ en la **Tabla D**
= ___________.

Paso 2: Busque el ciclo encontrado en el paso 1: ______ en la **Tabla A** = pilar del año _____________________________.

Paso 3: Ya que el _______________ es considerado –¿yin o yang?, el Tronco del Año debe ser elemento: ____________________ con polaridad: ______________ (yin o yang, según sea el caso).

Paso 4: Ahora, usando la **Tabla F** localice la Rama del mes: ___________________ en la columna del lado izquierdo vertical y entonces vea horizontalmente durante el año con un Tronco de elemento: _______________ con polaridad: ___________, colocado arriba, para determinar el Tronco para la Rama del mes del _________________ = _______________. Esto significa que el pilar del mes para el ______________ en el año de nacimiento:
__________ = __________________________.

Ahora puedes colocar en la Tabla siguiente el pilar del mes:

| HORA | DÍA | MES | AÑO |
|---|---|---|---|
| | | | |
| | | | |
| | | | |
| | | | |

**Cálculo del pilar de la hora:**

A. Determinar la Rama Terrestre de la hora, para la fecha de nacimiento: ____________________________________

Paso 1: Localice el rango en la **Tabla G** que abarque las ____________, cae entre __________= Rama: ____________.

Esto significa que la Rama Terrestre de la hora es __________.

B. Determinar ¿cuál es el Tronco Celeste de la hora ________ ______, en un día con un Tronco de ________________?

Paso 1: En la **Tabla H**, localice el ____________ en la columna de la mano izquierda y entonces busque en la columna asociada con un Tronco del día de ______________ = ______________.

Esto significa que la hora del ________________, en un día con un Tronco de _________________ tiene un Tronco Celeste de ________________.

**Hemos terminado el cálculo.**

Estos son los Cuatro Pilares del Destino o el Ba Zi (Ocho Caracteres), para una persona que nació el ______________________ __________:

| ESENCIA | | | |
|---|---|---|---|
| **HORA** | **DÍA** | **MES** | **AÑO** |
| | | | |
| | | | |
| | | | |
| | | | |
| | | | |

Lo parte más laboriosa ha concluido; ahora, el arte de interpretar los cuatro pilares es la gran aventura que nos lleva a integrar en un todo los diferentes aspectos que nos presentan los Ocho Caracteres del Destino. Será una tarea para armar con paciencia y reflexión cuidadosa, según el método enseñado.

El estudio de interpretación de los cuatro pilares del destino no termina aquí, existe el método de interpretación empleando el Maestro del Día. A ese sistema se le conoce como Zi Ping Ba Zi, donde al mapa de los cuatro pilares se le añaden los Troncos Ocultos o“raíces”, y se hacen además cálculos especiales para identificar el inicio de los periodos de la suerte en rangos de 10 años. Esperemos que en un futuro surjan textos que nos ayuden a descifrar estos otros códigos de ciclos de tiempo, y con ello mejorar en la comprensión del porqué de nuestra suerte y de nuestro destino y de las posibilidades que tenemos de decidir qué hacer para mejorar en todos aspectos.

# El autor se presenta a sí mismo

Estudié psicología clínica en la Universidad Iberoamericana en la Ciudad de México Campus Campestre Churubusco, y psicología educativa en la Universidad Pedagógica Nacional, Unidad Ajusco. Me interesé en el orientalismo desde muy joven, iniciándome en la práctica del Hatha Yoga en la Gran Fraternidad Universal hace ya 33 años; ahí encontré a mi Maestro, de origen Venezolano, el GRAN GURÚ Dr. José Manuel Estrada Vázquez. Actualmente soy Discípulo de 2° Grado del Linaje Solar implantado por él.

Mi afición por el excursionismo me llevó a colaborar en la formación de grupos de Exploradores Karis, movimiento que fomentó en mí el empleo de la BRÚJULA como instrumento de orientación. Esta práctica fue fundamental, pues me llevó a la comprensión inmediata del uso de la Brújula China: LO PAN, herramienta básica para el análisis de un lugar en el arte tradicional Chino del Feng Shui.

La práctica de la vida al aire libre, las excursiones y el montañismo que practiqué, los rememoro ahora como el seguimiento de las Venas del Dragón que realizaban los practicantes del Kan Yu en el pasado, elaborando mapas topográficos del flujo del qi en la naturaleza para encontrar el "long xue" (la cueva del dragón).

Me he concentrado en el estudio de la Cultura Oriental, primordialmente del libro más antiguo: el I Ching, el cual da base y sustento al arte del Feng Shui. A partir del año de 1991 he pasado por la lectura y el estudio de decenas de libros de divulgación popular contemporáneos, he participado en cursos por Internet en las listas de correo y los grupos de *news*, hasta contactar con practicantes avanzados y maestros orientales de este Arte Tradicional, quienes finalmente me han facilitado el acercamiento a los antiguos libros clásicos del Feng Shui y de la Astrología China: Ba Zi y Zi Ping.

Así estoy cumpliendo con el precepto chino que dice: **"Hay que conocer la fuente del agua que bebes".**

Ahora, me siento integrado y formando parte de una comunidad internacional de estudiantes y practicantes profesionales de este arte, dedicados a dar a conocer, aplicar y promover el Feng Shui Clásico y de la Astrología China en nuestro mundo contemporáneo.

Continuamente doy cursos, talleres y conferencias en toda Latinoamérica sobre este tema, siendo requerido también para aconsejar y recomendar soluciones a través de estudios profesionales de Feng Shui, utilizando la Brújula China: Lo Pan, y para Estudios de Cuatro Pilares del Destino.

Investigo particularmente la Escuela de la Brújula, en su método de las Estrellas Volantes: XUAN KONG FEI XING FENG SHUI, uno de los niveles más altos y completos del arte milenario del Feng Shui. Estudio y aplico la Astrología China, conocida como: ZI PING BA ZI.

Desarrollo y promuevo la página web en español del FENG SHUI Clásico: http://www.angelfire.com/ab/fengshui. Finalmente, fundé y modero la lista de correo más numerosa que existe en la Internet con participantes internacionales enlazados y desarrollando el Feng Shui y la Astrología China en español:

http://mx.groups.yahoo.com/group/fengshuiclasico/

Rodolfo Silva Ramos
Maestro del Centro de Estudios de Feng Shui Clásico y Astrología Ziping Ba Zi China.
CEFSC.

# Apéndice

## TABLA A:
## Troncos y Ramas Ciclo de 60

| **Número**<br>**Tronco**<br>**Rama** | 01<br>Madera Yang<br>Rata | 13<br>Fuego Yang<br>Rata | 25<br>Tierra Yang<br>Rata | 37<br>Metal Yang<br>Rata | 49<br>Agua Yang<br>Rata |
|---|---|---|---|---|---|
| **Número**<br>**Tronco**<br>**Rama** | 02<br>Madera Yin<br>Buey | 14<br>Fuego Yin<br>Buey | 26<br>Tierra Yin<br>Buey | 38<br>Metal Yin<br>Buey | 50<br>Agua Yin<br>Buey |
| **Número**<br>**Tronco**<br>**Rama** | 03<br>Fuego Yang<br>Tigre | 15<br>Tierra Yang<br>Tigre | 27<br>Metal Yang<br>Tigre | 39<br>Agua Yang<br>Tigre | 51<br>Madera Yang<br>Tigre |
| **Número**<br>**Tronco**<br>**Rama** | 04<br>Fuego Yin<br>Conejo | 16<br>Tierra Yin<br>Conejo | 28<br>Metal Yin<br>Conejo | 40<br>Agua Yin<br>Conejo | 52<br>Madera Yin<br>Conejo |
| **Número**<br>**Tronco**<br>**Rama** | 05<br>Tierra Yang<br>Dragón | 17<br>Metal Yang<br>Dragón | 29<br>Agua Yang<br>Dragón | 41<br>Madera Yang<br>Dragón | 53<br>Fuego Yang<br>Dragón |
| **Número**<br>**Tronco**<br>**Rama** | 06<br>Tierra Yin<br>Serpiente | 18<br>Metal Yin<br>Serpiente | 30<br>Agua Yin<br>Serpiente | 42<br>Madera Yin<br>Serpiente | 54<br>Fuego Yin<br>Serpiente |
| **Número**<br>**Tronco**<br>**Rama** | 07<br>Metal Yang<br>Caballo | 19<br>Agua Yang<br>Caballo | 31<br>Madera Yang<br>Caballo | 43<br>Fuego Yang<br>Caballo | 55<br>Tierra Yang<br>Caballo |
| **Número**<br>**Tronco**<br>**Rama** | 08<br>Metal Yin<br>Cabra | 20<br>Agua Yin<br>Cabra | 32<br>Madera Yin<br>Cabra | 44<br>Fuego Yin<br>Cabra | 56<br>Tierra Yin<br>Cabra |
| **Número**<br>**Tronco**<br>**Rama** | 09<br>Agua Yang<br>Mono | 21<br>Madera Yang<br>Mono | 33<br>Fuego Yang<br>Mono | 45<br>Tierra Yang<br>Mono | 57<br>Metal Yang<br>Mono |
| **Número**<br>**Tronco**<br>**Rama** | 10<br>Agua Yin<br>Gallo | 22<br>Madera Yin<br>Gallo | 34<br>Fuego Yin<br>Gallo | 46<br>Tierra Yin<br>Gallo | 58<br>Metal Yin<br>Gallo |
| **Número**<br>**Tronco**<br>**Rama** | 11<br>Madera Yang<br>Perro | 23<br>Fuego Yang<br>Perro | 35<br>Tierra Yang<br>Perro | 47<br>Metal Yang<br>Perro | 59<br>Agua Yang<br>Perro |
| **Número**<br>**Tronco**<br>**Rama** | 12<br>Madera Yin<br>Cerdo | 24<br>Fuego Yin<br>Cerdo | 36<br>Tierra Yin<br>Cerdo | 48<br>Metal Yin<br>Cerdo | 60<br>Agua Yin<br>Cerdo |

Tabla B

| | | | | | | |
|---|---|---|---|---|---|---|
| 1900*-10 | 1916*-34 | 1932*-58 | 1948*-22 | 1964*-46 | 1980*-10 | 1996*-34 |
| 1901-16 | 1917-40 | 1933-04 | 1949-28 | 1965-52 | 1981-16 | 1997-40 |
| 1902-21 | 1918-45 | 1934-09 | 1950-33 | 1966-57 | 1982-21 | 1998-45 |
| 1903-26 | 1919-50 | 1935-14 | 1951-38 | 1967-02 | 1983-26 | 1999-50 |
| 1904*-31 | 1920*-55 | 1936*19 | 1952*-43 | 1968*-07 | 1984*-31 | 2000*-55 |
| 1905-37 | 1921-01 | 1937-25 | 1953-49 | 1969-13 | 1985-37 | 2001-01 |
| 1906-42 | 1922-06 | 1938-30 | 1954-54 | 1970-18 | 1986-42 | 2002-06 |
| 1907-47 | 1923-11 | 1939-35 | 1955-59 | 1971-23 | 1987-47 | 2003-11 |
| 1908*-52 | 1924*-16 | 1940*-40 | 1956*-04 | 1972*-28 | 1988*-52 | 2004*-16 |
| 1909-58 | 1925-22 | 1941-46 | 1957-10 | 1973-34 | 1989-58 | 2005-22 |
| 1910-03 | 1926-27 | 1942-51 | 1958-15 | 1974-39 | 1990-03 | 2006-27 |
| 1911-08 | 1927-32 | 1943-56 | 1959-20 | 1975-44 | 1991-08 | 2007-32 |
| 1912*-13 | 1928*-37 | 1944*-01 | 1960*-25 | 1976*-49 | 1992*-13 | 2008*-37 |
| 1913-19 | 1929-43 | 1945-07 | 1961-31 | 1977-55 | 1993-19 | 2009-43 |
| 1914-24 | 1930-48 | 1946-12 | 1962-36 | 1978-60 | 1994-24 | 2010-48 |
| 1915-29 | 1931-53 | 1947-17 | 1963-41 | 1979-05 | 1995-29 | 2011-53 |

## Tabla C

| ENERO | FEBRERO | MARZO | ABRIL | MAYO | JUNIO | JULIO | AGOSTO | SEPTIEMBRE | OCTUBRE | NOVIEMBRE | DICIEMBRE |
|---|---|---|---|---|---|---|---|---|---|---|---|
| **0** | **31** | **59** | **30** | **0** | **31** | **1** | **32** | **3** | **33** | **4** | **34** |

## Tabla D

| 1900*-37 | 1916- 53 | 1932- 09 | 1948- 25 | 1964- 41 | 1980- 57 | 1996*-13 |
|---|---|---|---|---|---|---|
| 1901*-38 | 1917*-54 | 1933*-10 | 1949*-26 | 1965*-42 | 1981*-58 | 1997*-14 |
| 1902- 39 | 1918*-55 | 1934*-11 | 1950*-27 | 1966*-43 | 1982*-59 | 1998*-15 |
| 1903- 40 | 1919- 56 | 1935- 12 | 1951*-28 | 1967*-44 | 1983*-60 | 1999*-16 |
| 1904- 41 | 1920- 57 | 1936- 13 | 1952- 29 | 1968- 45 | 1984*-01 | 2000*-17 |
| 1905*-42 | 1921*-58 | 1937*- 14 | 1953*-30 | 1969*-46 | 1985*-02 | 2001*-18 |
| 1906- 43 | 1922*-59 | 1938*- 15 | 1954*-31 | 1970*-47 | 1986*-03 | 2002*-19 |
| 1907- 44 | 1923- 60 | 1939- 16 | 1955*-32 | 1971*-48 | 1987*-04 | 2003*-20 |
| 1908- 45 | 1924- 01 | 1940- 17 | 1956- 33 | 1972- 49 | 1988*-05 | 2004*-21 |
| 1909*-46 | 1925*-02 | 1941*- 18 | 1957*-34 | 1973*-50 | 1989*-06 | 2005*-22 |
| 1910- 47 | 1926*-03 | 1942*-19 | 1958*-35 | 1974*-51 | 1990*-07 | 2006*-23 |
| 1911- 48 | 1927- 04 | 1943- 20 | 1959*-36 | 1975*-52 | 1991*-08 | 2007*-24 |
| 1912- 49 | 1928- 05 | 1944- 21 | 1960- 37 | 1976- 53 | 1992*-09 | 2008*-25 |
| 1913*-50 | 1029*-06 | 1945*-22 | 1961*-38 | 1977*-54 | 1993*-10 | 2009*-26 |
| 1914*-51 | 1930*-07 | 1946*-23 | 1962*-39 | 1978*-55 | 1994*-11 | 2010*-27 |
| 1915- 52 | 1931- 08 | 1947*-24 | 1963*-40 | 1979*-56 | 1995*-12 | 2011*-28 |

## Tabla E

| MES OCCIDENTAL | RAMA TERRESTRE |
|---|---|
| Enero 5/6 | Buey 丑 Chou<br>**TIERRA YIN** |
| Febrero 4/5 | Tigre 寅 Yin<br>**MADERA YANG** |
| Marzo 5/6 | Conejo 卯 Mao<br>**MADERA YIN** |
| Abril 4/5 | Dragón 辰 Chen<br>**TIERRA YANG** |
| Mayo 5/6 | Serpiente 巳 Si<br>**FUEGO YIN** |
| Junio 5/6 | Caballo 午 Wu<br>**FUEGO YANG** |
| Julio 7/8 | Cabra 未 Wei<br>**TIERRA YIN** |
| Agosto 7/8 | Mono 申 Shen<br>**METAL YANG** |
| Septiembre 7/8 | Gallo 酉 You<br>**METAL YIN** |
| Octubre 8/9 | Perro 戌 Xu<br>**TIERRA YANG** |
| Noviembre 7/8 | Cerdo 亥 Hai<br>**AGUA YIN** |
| Diciembre 7/8 | Rata 子 Zi<br>**AGUA YANG** |

## Tabla F

| MES | TRONCO DEL AÑO | TRONCO DEL AÑO | TRONCO DEL AÑO | TRONCO DEL AÑO | TRONCO DEL AÑO |
|---|---|---|---|---|---|
| RAMA | **Madera yang** | **Madera yin** | **Fuego yang** | **Fuego yin** | **Tierra yang** |
| | **Tierra yin** | **Metal yang** | **Metal yin** | **Agua yang** | **Agua yin** |
| | (tierra) | (metal) | (agua) | (madera) | (fuego) |
| TIGRE | Fuego yang | Tierra yang | Metal yang | Agua yang | Madera yang |
| CONEJO | Fuego yin | Tierra yin | Metal yin | Agua yin | Madera yin |
| DRAGÓN | Tierra yang | Metal yang | Agua yang | Madera yang | Fuego yang |
| SERPIENTE | Tierra yin | Metal yin | Agua yin | Madera yin | Fuego yin |
| CABALLO | Metal yang | Agua yang | Madera yang | Fuego yang | Tierra yang |
| CABRA | Metal yin | Agua yin | Madera yin | Fuego yin | Tierra yin |
| MONO | Agua yang | Madera yang | Fuego yang | Tierra yang | Metal yang |
| GALLO | Agua yin | Madera yin | Fuego yin | Tierra yin | Metal yin |
| PERRO | Madera yang | Fuego yang | Tierra yang | Metal yang | Agua yang |
| CERDO | Madera yin | Fuego yin | Tierra yin | Metal yin | Agua yin |
| RATA | Fuego yang | Tierra yang | Metal yang | Agua yang | Madera yang |
| BUEY | Fuego yin | Tierra yin | Metal yin | Agua yin | Madera yin |

## Tabla G

| Horas occidentales | Rama **terrestre** |
|---|---|
| 11 p.m. – 1 a.m. | RATA |
| 1 a.m. – 3 a.m. | BUEY |
| 3 a.m. – 5 a.m. | TIGRE |
| 5 a.m. – 7 a.m. | CONEJO |
| 7 a.m. – 9 a.m. | DRAGÓN |
| 9 a.m. – 11 a.m. | SERPIENTE |
| 11 a.m. – 1 p.m. | CABALLO |
| 1 p.m. – 3 p.m. | CABRA |
| 3 p.m. – 5 p.m. | MONO |
| 5 p.m. – 7 p.m. | GALLO |
| 7 p.m. – 9 p.m. | PERRO |
| 9 p.m. – 11 p.m. | CERDO |

## Tabla H

| HORA | TRONCO DEL DÍA | TRONCO DEL DÍA | TRONCO DEL DÍA | TRONCO DEL DÍA | TRONCO DEL DÍA |
|---|---|---|---|---|---|
| RAMA | **Madera Yang** | **Madera Yin** | **Fuego Yang** | **Fuego Yin** | **Tierra Yang** |
| | **Tierra Yin** | **Metal Yang** | **Metal Yin** | **Agua Yang** | **Agua Yin** |
| | (Tierra) | (Metal) | (Agua) | (Madera) | (Fuego) |
| RATA | Madera yang | Fuego yang | Tierra yang | Metal yang | Agua yang |
| BUEY | Madera yin | Fuego yin | Tierra yin | Metal yin | Agua yin |
| TIGRE | Fuego yang | Tierra yang | Metal yang | Agua yang | Madera yang |
| CONEJO | Fuego yin | Tierra yin | Metal yin | Agua yin | Madera yin |
| DRAGÓN | Tierra yang | Metal yang | Agua yang | Madera yang | Fuego yang |
| SERPIENTE | Tierra yin | Metal yin | Agua yin | Madera yin | Fuego yin |
| CABALLO | Metal yang | Agua yang | Madera yang | Fuego yang | Tierra yang |
| CABRA | Metal yin | Agua yin | Madera yin | Fuego yin | Tierra yin |
| MONO | Agua yang | Madera yang | Fuego yang | Tierra yang | Metal yang |
| GALLO | Agua yin | Madera yin | Fuego yin | Tierra yin | Metal yin |
| PERRO | Madera yang | Fuego yang | Tierra yang | Metal yang | Agua yang |
| CERDO | Madera yin | Fuego yin | Tierra yin | Metal yin | Agua yin |
| RATA | Agua yang | Tierra yang | Metal yang | Agua yang | Madera yang |

Ramas Yin (animales):

| 丑 BUEY<br>**TIERRA**<br>**YIN** | 卯 CONEJO<br>**MADERA**<br>**YIN** | 巳 SERPIENTE<br>**FUEGO**<br>**YIN** | 未 CABRA<br>**TIERRA**<br>**YIN** | 酉 GALLO<br>**METAL**<br>**YIN** | 亥 CERDO<br>**AGUA**<br>**YIN** |
|---|---|---|---|---|---|

Ramas Yang (animales):

| 子 RATA<br>**AGUA**<br>**YANG** | 寅 TIGRE<br>**MADERA**<br>**YANG** | 辰 DRAGÓN<br>**TIERRA**<br>**YANG** | 午 CABALLO<br>**FUEGO**<br>**YANG** | 申 MONO<br>**METAL**<br>**YANG** | 戌 PERRO<br>**TIERRA**<br>**YANG** |
|---|---|---|---|---|---|

## Esencia de los binomios I

| ESENCIA | | BINOMIOS 1 a 30 | | |
|---|---|---|---|---|
| METAL | YANG | 甲 1 子<br>JIA ZI<br>Madera yang<br>Agua yang<br>**El oro al fondo del mar** | 壬 9 申<br>REN SHEN<br>Agua yang<br>Metal yang<br>**Hoja de acero cortante** | 庚 17 辰<br>GENG CHEN<br>Metal yang<br>Tierra yang<br>**El bronce moldeado** |
| METAL | YIN | 乙 2 丑<br>YI CHOU<br>Madera yin<br>Tierra yin | 癸 10 酉<br>GUI YOU<br>Agua yin<br>Agua yin | 辛 18 巳<br>XIN SI<br>Metal yin<br>Fuego yin |
| FUEGO | YANG | 丙 3 寅<br>BING YIN<br>Fuego yang<br>Madera yang<br>**El fuego del horno** | 甲 11 戌<br>JIA XU<br>Tierra yang<br>Tierra yang<br>**Fuego sobre la colina** | 戊 25 子<br>WU ZI<br>Tierra yang<br>Agua yang<br>**El fuego del rayo** |
| FUEGO | YIN | 丁 4 卯<br>DING MAO<br>Fuego yin<br>Madera yin | 乙 12 亥<br>YI HAI<br>Madera yin<br>Agua yin | 己 26 丑<br>JI CHOU<br>Tierra yin<br>Tierra yin |
| MADERA | YANG | 戊 5 辰<br>WU CHEN<br>Tierra yang<br>Tierra yang<br>**Árbol del gran bosque** | 壬 19 午<br>REN WU<br>Agua yang<br>Fuego yang<br>**La madera del álamo y del sauce** | 庚 27 寅<br>GENG YIN<br>Metal yang<br>Madera yang<br>**La madera del cedro y el pino** |
| MADERA | YIN | 己 6 巳<br>JI SI<br>Tierra yin<br>Fuego yin | 癸 20 未<br>GUI WEI<br>Agua yin<br>Tierra yin | 辛 28 卯<br>XIN MAO<br>Metal yin<br>Madera yin |
| TIERRA | YANG | 庚 7 午<br>GENG WU<br>Metal yang<br>Fuego yang<br>**Tierra al borde de ruta** | 戊 15 寅<br>WU YIN<br>Tierra yang<br>Madera yang<br>**Tierra sobre la muralla de una ciudad** | 丙 23 戌<br>BING XU<br>Fuego yang<br>Tierra yang<br>**La tierra del techo** |
| TIERRA | YIN | 辛 8 未<br>XIN WEI<br>Metal yin<br>Tierra yin | 己 16 卯<br>JI MAO<br>Tierra yin<br>Madera yin | 丁 24 亥<br>DING HAI<br>Fuego yin<br>Agua yin |
| AGUA | YANG | 丙 13 子<br>BING ZI<br>Fuego yang<br>Agua yang<br>**Agua que penetra y fertiliza** | 甲 21 申<br>JIA SHEN<br>Madera yang<br>Metal yang<br>**El agua de los pozos y las fuentes** | 壬 29 辰<br>REN CHEN<br>Agua yang<br>Tierra yang<br>**El agua corriente** |
| AGUA | YIN | 丁 14 丑<br>DING CHOU<br>Fuego yin<br>Tierra yin | 乙 22 酉<br>YI YOU<br>Madera yin<br>Metal yin | 癸 30 巳<br>GUI SI<br>Agua yin<br>Fuego yin |

## Esencia de los binomios II

| ESENCIA | | BINOMIOS 31 a 60 | | |
|---|---|---|---|---|
| METAL | YANG | 甲 31 午<br>JIA WU<br>Madera yang<br>Fuego yang<br>**El oro en la arena** | 壬 39 寅<br>REN YIN<br>Agua yang<br>Madera yang<br>**El metal del espejo** | 庚 47 戌<br>GENG XU<br>Metal yang<br>Tierra yang<br>**El metal de las pulseras y las horquillas para el cabello** |
| | YIN | 乙 32 未<br>YI WEI<br>Madera yin<br>Tierra yin | 癸 40 卯<br>GUI MAO<br>Agua yin<br>Madera yin | 辛 48 亥<br>XIN HAI<br>Metal yin<br>Agua yin |
| FUEGO | YANG | 丙 33 申<br>BING SHEN<br>Fuego yang<br>Metal yang<br>**Fuego al pie de la colina** | 甲 41 辰<br>JIA CHEN<br>Madera yang<br>Tierra yang<br>**El fuego de la lámpara** | 戊 55 午<br>WU WU<br>Tierra yang<br>Fuego yang<br>**El fuego en lo alto del cielo** |
| | YIN | 丁 34 酉<br>DING YOU<br>Fuego yin<br>Metal yin | 乙 42 巳<br>YI SI<br>Madera yin<br>Fuego yin | 己 56 未<br>JI WEI<br>Tierra yin<br>Tierra yin |
| MADERA | YANG | 戊 35 戌<br>WU XU<br>Tierra yang<br>Tierra yang<br>**La madera de la llanura** | 壬 49 子<br>REN ZI<br>Agua yang<br>Agua yang<br>**La madera de la morera** | 庚 57 申<br>GENG SHEN<br>Metal yang<br>Metal yang<br>**La madera del granado** |
| | YIN | 己 36 亥<br>JI HAI<br>Tierra yin<br>Agua yin | 癸 50 丑<br>GUI CHOU<br>Agua yin<br>Tierra yin | 辛 58 酉<br>XIN YOU<br>Metal yin<br>Metal yin |
| TIERRA | YANG | 庚 37 子<br>GENG ZI<br>Metal yang<br>Agua yang<br>**La tierra del Muro** | 戊 45 申<br>WU SHEN<br>Tierra yang<br>Metal yang<br>**La tierra de los grandes caminos** | 丙 53 辰<br>BING CHEN<br>Fuego yang<br>Tierra yang<br>**La tierra oculta bajo la arena** |
| | YIN | 辛 38 丑<br>XIN CHOU<br>Metal yin<br>Tierra yin | 己 46 酉<br>JI YOU<br>Tierra yin<br>Metal yin | 丁 54 巳<br>DING SI<br>Fuego yin<br>Fuego yin |
| AGUA | YANG | 丙 43 午<br>BING WU<br>Fuego yang<br>Fuego yang<br>**El agua del río celeste** | 甲 51 寅<br>JIA YIN<br>Madera yang<br>Madera yang<br>**El agua de los arroyos** | 壬 59 戌<br>REN XU<br>Agua yang<br>Tierra yang<br>**El agua del océano** |
| | YIN | 丁 44 未<br>DING WEI<br>Fuego yin<br>Tierra yin | 乙 52 卯<br>YI MAO<br>Madera yin<br>Madera yin | 癸 60 亥<br>GUI HAI<br>Agua yin<br>Agua yin |

# TÍTULOS DE ESTA COLECCIÓN

**128 Secretos para el Trabajo y la Prosperidad.** *Carolina Segura*

**128 Tips contra la Envidia y la Mala Suerte.** *Carolina Segura*

**BA ZI. Los cuatro pilares del destino.** *Rodolfo Silva Ramos*

**El Amor Ideal con Feng-Shui.** *Carolina Segura*

**Feng-Shui. Bienestar-Tranquilidad-Felicidad-Salud**

**Feng-Shui en tu Lugar de Trabajo.** *Richard Webster*

**Feng-Shui Hoy.** *Jami Lin*

**Feng-Shui. La Armonía de la Vida.** *R. Taylor/W. Tann*

**Feng-Shui. Qué sí, qué no y en dónde.** *A. Ma Wong*

**Feng-Shui. Qué sí y qué no en el Amor.** *A. Ma Wong*

**Feng-Shui. Qué sí y qué no en el Dinero.** *A. Ma Wong*

**Feng-Shui. Qué sí y qué no para la Salud y el Bienestar.** *A. Ma Wong*

**Guía Práctica para Equilibrar tu Casa. Feng-Shui.** *M. Garibay*

**Lillian Too y sus Secretos Exitosos de Feng-Shui**

**La Casa Ideal con Feng-Shui.** *Carolina Segura*

**Tu Diario de Feng Shui.** *Teresa Polanco*

Impreso en los talleres de
Trabajos Manuales Escolares,
Oriente 142 No. 216
Col. Moctezuma 2a. Secc.
Tels. 5 784.18.11 y 5 784.11.44
México, D.F.

# MERE EXTINCTION